S0-EAX-661

CÓMO **SER FELIZ** *sin* INTENTARLO

Título original: How to Be Happy Without Even Trying: The Anti-Law of Attraction,
            Anti-Positive Thinking, Anti-Believe It and Achieve It System That Really Works
Traducido del inglés por Julia Fernández Treviño
Diseño de portada: Editorial Sirio, S.A.
Maquetación de interior: TsEdi, Teleservicios Editoriales, S. L.

©   de la edición original
     2017, Frank J. Kinslow

     Editado en español según acuerdo con Lucid Sea LLC.

©   de la presente edición
     EDITORIAL SIRIO, S.A.
     C/ Rosa de los Vientos, 64
     Pol. Ind. El Viso
     29006-Málaga
     España

www.editorialsirio.com
sirio@editorialsirio.com

I.S.B.N.: 978-84-17399-03-0
Depósito Legal: MA-995-2018

Impreso en Imagraf Impresores, S. A.
c/ Nabucco, 14 D - Pol. Alameda
29006 - Málaga

Impreso en España

Puedes seguirnos en Facebook, Twitter, YouTube e Instagram.

DR. FRANK J. KINSLOW

CÓMO **SER FELIZ** *sin* **INTENTARLO**

El sistema anti Ley de la atracción,
anti Pensamiento positivo
y anti "lo deseo lo tengo"

Editorial
SIRIO

DEDICADO A...

Martina Kinslow
*Simplemente, el alma más bella que camina sobre la faz
de esta verde tierra. Gracias por todo, mi amor.*

Alfred Schatz
*Por tu admirable capacidad para hacer las cosas
cada vez mejor... en todo sentido.
Tu amistad es para mí un bien muy preciado.*

Dick Bisbing
*Aun después de una pausa de cincuenta años, seguimos
guardando una gran amistad. Tu punto de vista científico
ha sido una importante contribución para este libro.*

ÍNDICE

UNA CARTA
DEL PROFESOR
RAYMOND J. BESSON

Durante muchos años he dedicado los conocimientos y la experiencia que tengo como médico e investigador al estudio de los últimos avances científicos relacionados con la sabiduría tradicional de Oriente (Chi Kung, Ayurveda y Budismo, entre otros). Al buscar material publicado en este ámbito específico, descubrí varios libros escritos por el Dr. Frank Kinslow sobre el tema de la curación cuántica. De inmediato comprendí que me había topado por casualidad con uno de esos raros individuos «que construyen el mundo». He trabajado como científico en muchos países y gracias a eso he tenido el privilegio de conocer a unas diez personas excepcionales como él..., pero no más.

El Dr. Kinslow es una persona increíblemente intuitiva y muy exigente consigo mismo. Tras su sentido del humor se esconde su absoluta honestidad científica. Cuando lo conocí, tuve la inmediata sensación de que era claramente superior a la mayoría de los autores que han escrito sobre el tema. Kinslow nos explica el método que propone de una manera muy sencilla y con una humildad que solo se encuentra en los grandes científicos. El método de Kisnlow es simple y está bien planteado, por lo que enseguida pude comprobar su increíble potencial. No conozco ningún otro libro que explique mejor la existencia y el poder de la conciencia pura que el del Dr. Kinslow. Y creo que sé cuál es el principal motivo: sin duda, tiene un gran conocimiento de su relación con los demás seres del planeta.

Pero además de explicar su método, Kinslow nos enseña sus aplicaciones prácticas junto con los medios necesarios para verificar la eficacia del proceso.

En conclusión, conozco muy pocos trabajos que tengan este nivel de calidad y potencial científicos. Me gustaría añadir que el Dr. Kinslow está haciendo un gran esfuerzo para compartir los resultados de su trabajo con el mayor número posible de personas. En mi opinión, su enseñanza está totalmente avalada por los avances científicos más recientes. De hecho, tenemos que leer a Wolfgang Pauli o Carl Jung para encontrar algo parecido a la interacción visionaria de las Ciencias Puras y la Física con la sanación espiritual expresada por el Dr. Kinslow.

No cabe duda de que el trabajo del Dr. Kinslow es un paso importante para la evolución de la humanidad.

Profesor Raymond J. Besson

(El Profesor Besson ha sido galardonado con varios premios internacionales de física, incluida la medalla de plata del Premio CNRS, el Premio de Defensa y Ciencia Nacional, y el Premio W.G. Cady. Es propietario de dieciséis patentes internacionales y un escritor prolífico que ha publicado más de ciento veinte artículos e informes científicos).

CAPÍTULO 1

SOMOS BÁSICAMENTE FELICES

A medida que los seres humanos hemos ido evolucionado desde los tiempos en que habitábamos en las cavernas, pasando por la Edad Oscura, hasta llegar a la era científica, hemos tenido que descartar algunas ideas que a veces no resultaron prácticas y en otras ocasiones fueron incluso dañinas. Como ejemplos podemos citar las ideas de que las estrellas son las almas de los miembros fallecidos del clan, que el mundo es plano, que el derramamiento de sangre libera demonios y que la lobotomía es la cura para las enfermedades mentales. Tendemos a pensar que hoy en día somos especiales. Creemos que hemos trascendido la ignorancia del pasado, que hemos evolucionado hasta llegar a ser seres lógicos y razonables que han creado un estilo de vida más sano y feliz. Hemos llegado a apoyarnos en gran medida en la ciencia y la tecnología para sentirnos seguros, incluso en cierto modo hemos llegado a hartarnos de los milagros prácticamente diarios que han puesto a nuestros pies. Sin embargo, de alguna manera, seguimos en la Edad Oscura. En este mundo de luz, todavía hay sombras.

Este libro tiene dos objetivos. El primero de ellos es presentar la práctica de las técnicas motivacionales —como son la de pensar en positivo y la ley de atracción— a la luz de las recientes investigaciones científicas, la experiencia normal y el sentido común. En cuanto las conozcas, comprenderás que ese tipo de técnicas motivacionales no son realistas ni prácticas; y eso no es lo peor, también pueden ser psicológicamente dañinas. Luego te mostraré un proceso científico simple que, independientemente de que creas o no en él, aumentará tu energía vital, estimulará la curación de tu cuerpo y tu mente, revitalizará tus relaciones, mejorará tu rendimiento en el trabajo y te encaminará de una forma eficaz hacia una vida productiva y dichosa.

Este proceso te abrirá la puerta a una vida más gratificante y feliz.

Este proceso te abrirá la puerta a una vida más gratificante y feliz.

En un solo párrafo acabo de hacer dos atrevidas afirmaciones, aunque algunos las calificarían incluso de escandalosas. Esa es la razón por la que mi libro va a resultar divertido. Cuando lo leas, te sorprenderás; de hecho, puedo garantizarte que todo lo que aprendas te abrirá la puerta a una vida más gratificante y feliz. Lo que tantas personas han aceptado hasta el momento como ciencia pronto se revelará como algo menor a la pseudociencia. Analizaremos estas prácticas colectivas con el respaldo de las investigaciones más recientes y demostraremos que son un conjunto disperso de ideas fantasiosas, el producto de mentes mal informadas. En otras palabras, ¡no funcionan! A continuación ilustraré un modelo de felicidad que es real y alcanzable. Y por último, estudiaremos un nuevo y apasionante sistema científico que nos ayudará a comprender que la felicidad no solo es posible, sino que además se puede experimentar a voluntad.

Capítulo 2

CÓMO COMENZÓ TODO

Después de la Segunda Guerra Mundial, viví con mi familia en Japón. Yo tenía diez años. Mi padre, un sargento mayor del Cuerpo de Marines americano, pensó que nuestra familia debía incursionar en la cultura japonesa para aprender y asimilar las diferentes ventajas que sus ricas tradiciones ofrecían. No muy lejos de nuestra casa en Yokohama, se encontraba el *dojo* de judo local. Tras mantener una corta entrevista con el *sensei*, mi padre me dejó allí para que aprendiera la primera de las muchas lecciones de judo y de la vida que he recibido.

En el Japón de aquella época, el judo no era únicamente un deporte, sino también un estilo de vida. Cada noche después de la cena, siete días a la semana, yo recorría el sinuoso y concurrido camino que me llevaba hasta el *dojo*, abría la puerta corredera de madera y papel, hacía una reverencia, y luego ocupaba mi lugar sobre el tatami de paja junto a los demás estudiantes japoneses. Por ser americano, yo era más alto y más fuerte que los chicos nipones de mi edad. Utilizaba mi fuerza y mi tamaño para vencerlos.

A medida que mi confianza crecía, también lo hacía mi ego. A pesar de la cordial insistencia del *sensei* para que confiáramos más en la técnica que en la potencia (la filosofía del judo), yo continué abriéndome camino a base de fuerza, clase tras clase, derrotando incluso a compañeros que eran varios años mayores que yo.

Cierta noche en la que me sentía especialmente seguro de mí mismo, encontré una nueva cara entre los alumnos. Era un chico de estatura tan baja que me llegaba al pecho. Cuando el *sensei* nos emparejó para practicar *randori* (el estilo libre del judo), recuerdo que imaginé que le haría el *tomoe nage* (una llave tradicional de judo) y después lo arrojaría al patio atravesando la ventana de papel.

Sin embargo, los mejores planes, hayan sido diseñados por ratones o por hombres, entre los que en este caso se incluía a un niño de diez años, definitivamente suelen salir mal. Esa sesión de *randori* de cinco minutos me pareció que duraba horas. Aquel pequeño chaval, con la cara impasible y con toda la calma, saltaba, giraba y se movía ligero como el viento, sorteando de forma inesperada todos mis ataques y lanzándome de una a otra esquina del tatami. Al principio me enfadé. Cuanto más me empeñaba en imponer mi corpulencia y mi voluntad, con más frecuencia me encontraba tumbado sobre la espalda mirando al cielo raso. Empecé a sentirme frustrado, luego avergonzado y finalmente furioso. Pero aquello no parecía afectar lo más mínimo a mi contrincante, que siguió luchando con la máxima agilidad. Por suerte, el combate terminó poco después.

La noche siguiente me negué a ir al *dojo*. Mi padre no quiso ni oír hablar de eso y poco después me encontraba sentado entre mis compañeros con la cabeza gacha. El pequeño chaval que me había impresionado tanto la noche anterior no se encontraba en la sala. De hecho, jamás volví a verlo. Estoy seguro de que el *sensei* solicitó su presencia a otro *dojo* para ayudarme a dominar mi pujante y poderoso ego.

> **Las emociones negativas se fugaban de mi cerebro como el agua de un recipiente roto.**

Pese a todo, mi mente era un tumulto de emociones. Me sentía humillado, frustrado, enfadado y avergonzado. Es más, estaba al borde de las lágrimas.

Sin embargo, un poco más tarde sucedió algo bastante milagroso. El *sensei* nos enseñó el «sistema de agua del abdomen». Se trataba de una técnica para utilizar nuestra mente con el fin de aumentar nuestra fuerza física. Inmediatamente después de practicar el sistema de agua del abdomen, todas mis emociones negativas comenzaron a fugarse de mi mente como el agua de un recipiente roto. Esa era la primera parte del sistema, dirigida a alcanzar la paz. Luego el *sensei* nos enseñó a encauzar esa energía para incrementar nuestra determinación y la fuerza de nuestros músculos. ¡Yo estaba eufórico! Sin realizar ningún esfuerzo consciente para reducir mis emociones negativas, habían desaparecido por completo y fueron reemplazadas por una grata sensación de optimismo, una vitalidad que no tardó en propagarse por todo mi cuerpo. ¿Y qué había sido de mi ego? No se encontraba en ningún lugar.

Cuando pienso ahora en aquella experiencia, la considero el punto de inflexión que me permitió darme cuenta de que la vida es mucho más que lo que me enseñaron mis maestros, mis padres e incluso mis compañeros. Fue la lección del control, es decir, olvidarse de lo que podría haber y entregarse a lo que hay. Soy consciente de que esto puede parecerte algo trivial o, en cierta manera, poco claro. Después de todo, creo que todavía es demasiado pronto para no volver a escuchar nunca más la frívola frase «vivir el ahora». No obstante, aunque esa no es la enseñanza completa, sí es su punto inicial, porque lo que voy a revelarte ahora tiene múltiples facetas y es mucho, mucho más fácil.

Tuve una adolescencia normal si es que eso es posible. Iba al colegio, practicaba deportes, ponía a prueba la autoridad de mis padres empleándome a fondo en ser creativo y salía con mis amigos todo lo que podía. Siempre sentí interés por los fenómenos misteriosos y estaba muy pendiente de ellos. A finales de la década de los años cincuenta y comienzos de los sesenta, me dediqué a leer libros sobre Ovnis, aprendí a hipnotizar a mis amigos, me apasioné por la teoría de la relatividad de Einstein y practiqué extrañas técnicas de yoga, comparando en todo momento mis experiencias con la sensación de iluminación que había experimentado en alguna orilla distante de mi mente en un pequeño *dojo* de un país lejano.

Durante las siguientes cuatro décadas, seguí viviendo con un pie en cada uno de los dos mundos. Estudié y me convertí en profesor de personas sordas, y más tarde en quiropráctico. Me casé y formé una familia. También estudié y enseñé meditación e hice retiros de meditación en silencio durante largos períodos que a veces duraron meses. Investigué la filosofía y las técnicas orientales, y al mismo tiempo me interesé cada vez más profundamente por los misterios de la física moderna.

A pesar de los párrafos anteriores, quiero aclarar que este no es un libro sobre mi persona. Estoy contando mi historia personal con la única intención de ofrecerte algunos antecedentes para ayudarte a comprender cómo llegué a este asombroso descubrimiento de alcanzar la felicidad sin esfuerzo, que luego he enseñado a decenas de miles de personas en todo el mundo. De manera que, si no te parece mal, continuaré con mi historia.

Cuando cumplí sesenta y un años, a pesar de que llevaba ya varias décadas entrenándome y practicando, no me encontraba muy bien de salud y no tenía dinero ni empleo. Había trabajado duro durante demasiado tiempo para capturar ese concepto tan inasible conocido como iluminación. A lo largo de mi vida, la había rozado muchas veces, aunque solo para verla deslizarse entre mis dedos. Y ahí estaba tirado en el sofá, en una etapa en la que tenía más años ya vividos que por vivir, enfermo, arruinado y sin trabajo.

Me quedé ahí sentado durante tres días. Sí, como lo oyes. ¿Y por qué no? No tenía nada qué hacer y tampoco tenía dinero. Mientras estaba allí sentado, lo único que se me ocurrió fue empezar a eliminar de mi vida todas las cosas que no me servían. Después de tres días de limpieza mental, llegó un momento en el que decidí que nada funcionaba. ¡Qué descubrimiento! Nada de lo que había hecho a lo largo de mi vida había aliviado mis preocupaciones ni me había liberado de mi inquietud. Estaba en el limbo más absoluto, aunque no por mucho tiempo.

> **Los sentimientos negativos, que habían sido mis compañeros constantes, desaparecieron.**

Fue entonces cuando empecé a tomar conciencia de un impulso muy sutil. Me producía una sensación agradable pero no tenía forma alguna, no era nada concreto. Me quedé quieto y me dediqué a observar y a esperar. La sensación se intensificó. Me encontraba cada vez mejor. Realmente me sentía muy bien. Por lo tanto, seguí observando y esperando un rato más. A medida que el tiempo pasaba, empecé a sentirme fenomenal. Los sentimientos negativos, que habían sido mis compañeros constantes, desaparecieron.

En su lugar, me embargaba una profunda sensación de calma y claridad, un estado de inacción, una ausencia de esfuerzo. ¡Me sentía fantásticamente bien! Yo había vislumbrado esa sensación muchos años atrás en el *dojo* de Yokohama, y aquí estaba otra vez tan brillante y revitalizadora como el sol. En aquel momento no lo sabía, pero fue justo en ese instante cuando descubrí un estado de rejuvenecimiento profundo del cuerpo y de la mente, más aún, de la vida y del vivir. Pero lo más importante es que esa revelación me ofreció la clave para poder transmitírselo a otras personas. Más adelante decidí denominar *Eumoción* a esa percepción profunda.

A partir de aquella revelación, pasé de estar enfermo y arruinado a encontrarme mejor que nunca. Escribí mi primer libro y me convertí en un autor de *best sellers* a nivel internacional. Comencé a impartir talleres en todo el mundo y en menos de un año llegué a ser millonario cuando poco tiempo atrás tenía una deuda de noventa y dos mil dólares. Y no lo cuento para vanagloriarme del dinero que he ganado, sino para que comprendas que este proceso es algo que excede la curación del cuerpo o la posibilidad de hacer dinero. Este proceso, al que he denominado «Sistema Kinslow», no solamente nos restaura física y psicológicamente, sino que también reconstruye nuestras relaciones con nuestros familiares y amigos, y nos inspira para volver a descubrir lo que nos gusta hacer o, si lo prefieres, nuestra vocación o nuestra «llamada». Es lo más cercano al remedio mágico para la salud y la felicidad. Se trata de una especie de método universal que resulta realmente eficaz, tal y como tuve la grata sorpresa de comprobar.

CAPÍTULO 3

YA TIENES TODO LO QUE NECESITAS

El Sistema Kinslow es científico.

Aquí viene lo mejor. El Sistema Kinslow es científico. ¿Qué quiero decir con esto? Pues que puedes confiar en él. Es reproducible y repetible. Puedes medir sus beneficios de diversas maneras; por ejemplo, la tensión sanguínea, el nivel de azúcar en sangre, el pulso y el rendimiento cardíaco se normalizan; se reduce el nivel de estrés; y aumentan la capacidad de relajarse, el bienestar psicológico y la sensación de satisfacción con la familia, los amigos y el trabajo. Pero aún hay más buenas noticias: no es necesario que aprendas nada. Si estás leyendo estas palabras ya tienes todo lo que necesitas para experimentar la Eumoción. La razón por la que no tienes absolutamente nada que aprender es que ya sabes ver, oír y oler, ¿no es verdad? Bien, el Sistema Kinslow funciona aprovechando el proceso automático y espontáneo de utilizar tus sentidos. Todo lo que necesitas hacer es mirar en la dirección correcta; ahí lo encontrarás.

Ahora ya sabes lo que te espera a medida que vayas leyendo las páginas de este libro. Eso no suena demasiado complicado, ¿verdad? Bien, puedo asegurarte que comprender y aplicar el Sistema Kinslow es muy sencillo. Cuando lo aprendas, dirás: «Esto es tan simple…, ¿por qué no se me habrá ocurrido a mí?». Te entregarás a este auténtico proceso como si fuera tuyo y lo utilizarás para enriquecer todos los aspectos de tu vida y no volver a mirar atrás.

Capítulo 4

LA LEY DE LA ATRACCIÓN EMPEORA LAS COSAS

En este capítulo vamos a pasarlo bien con un tema que sin duda encontrarás de gran interés. Aunque, ahora que lo pienso, «interés» es una palabra demasiado débil para lo que estamos a punto de descubrir. Cada vez que expongo este tema, da igual en la parte del mundo en la que me encuentre, siempre provoca fuertes sentimientos de incredulidad. Me resulta muy entretenido observar las caras de los asistentes al evento. Al principio se muestran claramente en desacuerdo, pero más tarde, a medida que prestan atención a mis razonamientos y los comparan con sus propias experiencias, llegan a creer en lo increíble. ¿Qué es lo que llegan a comprender? Que el movimiento motivacional —que incluye la ley de la atracción, el tradicional trabajo orientado a un fin, la técnica de pensar en positivo, las afirmaciones, el pensamiento «créelo y lo conseguirás» y las prácticas motivacionales en general— ¡no funciona! Por ejemplo, muchos se quedan perplejos cuando descubren que la ley de la atracción no solo no es eficaz, sino que ni siquiera existe.

> **Pese a que nos prometían proporcionarnos salud excelente y éxito, las técnicas motivacionales han fracasado estrepitosamente.**

A pesar de que es realmente apasionante observar cómo se produce esta transformación, mi corazón está junto a todos aquellos que han llegado a depositar su confianza y su amor en esas creencias. «Pero —dirás—, la práctica de pensar en positivo y la ley de la atracción han estado presentes durante años y muchas personas han conseguido el éxito gracias a ellas». Las prácticas motivacionales existen desde hace décadas, razón por la cual resulta mucho más sorprendente que un sistema ineficaz haya podido encontrar un terreno tan fértil. Como se ha visto, la eficacia de todas esas técnicas no es más que un mito. Y lo que contribuye a que esto sea todavía más curioso es que esas prácticas fraudulentas sean divulgadas por personas con buenas intenciones, engañadas también ellas mismas al creer en sus beneficios. Pese a que nos prometieron proporcionarnos salud excelente y éxito, las técnicas motivacionales han fracasado estrepitosamente. Pero nos ocuparemos de este tema un poco más adelante.

Muy bien, ¿estás preparado para descubrir cómo voy a justificar estas atrevidas y contradictorias afirmaciones? Después de todo, lo que acabo de decir va en contra de la praxis aceptada y la realidad aparentemente científica en las que se basan los practicantes esotéricos de todo el mundo. ¿Es posible que lo que estoy diciendo sea verdad? Bien, si te quedas conmigo, te demostraré paso a paso lo absurdas que son la ley de la atracción y las prácticas tan alentadoras como ineficaces del clásico trabajo orientado a un fin, la técnica de pensar positivamente, las afirmaciones y el pensamiento «créelo y lo conseguirás», junto con el movimiento motivacional positivo en su conjunto. ¿Estás listo?

Supongo que lo primero que deberías saber es el valor que tendrá para ti este nuevo conocimiento. Te aseguro que no se trata de ninguna *vendetta* personal contra el movimiento motivacional. En absoluto. Es simplemente la verdad. Si después de considerar lo que tengo que decir sobre las prácticas no científicas e infundadas del movimiento motivacional decides seguir confiando en ellas, entonces lo estarás haciendo con conocimiento y no desde la ignorancia.

Si conoces solo un aspecto de las cosas, puedes ser manipulado y engañado con facilidad. Y esto es justo lo que les ha pasado a muchos. Como suele decirse, «el conocimiento es poder». Estar informado es algo que te debes a ti mismo.

Este conocimiento en concreto tiene el poder de liberarte de la frustración, del fracaso y también de los traumas psicológicos. Sí, en efecto, has escuchado bien. Las investigaciones recientes han revelado que muchas personas han sufrido traumas psicológicos causados por la práctica de pensar en positivo y de la ley de la atracción. Si eres especialmente propenso a los efectos negativos que produce el hecho de pensar de forma positiva, más adelante te haré conocer una técnica científica que produce efectos contrarios: es fácil de aplicar, ofrece resultados inmediatos, mejora la salud y proporciona abundancia y felicidad. De manera que, como puedes ver, no tienes nada que perder y mucho que ganar. Si te parece, vamos a comenzar.

CAPÍTULO 5

¿QUÉ ES LA LEY DE LA ATRACCIÓN?

Muchos defensores de la ley de la atracción y de la técnica de pensar en positivo simplifican demasiado la concepción de la vida e, incluso, llegan a tener una visión muy naíf. ¿Lo has observado? Cuando se habla de esos métodos, se emplean vagas generalidades que te hacen creer que lo único que tienes que hacer para ser una persona sana y feliz es activar la ley de la atracción, tener la intención correcta y comenzar a pensar en positivo. Entonces, todo llegará a ti como si tuvieras un imán mágico para atraer la riqueza material. Los defensores de estos métodos están convencidos de que apoyan una causa que se basa en los sólidos principios de la física. Ellos fundamentalmente afirman que la ley de la atracción supone que nuestros pensamientos pueden controlar el mundo material.

El índice de éxitos de la ley de la atracción es del 0,1 %.

En la edición de enero de 2014 de *Psychology Today,* el escritor Neil Farber —un psicólogo con dos doctorados, uno en investigación y otro en medicina— destacó algunos puntos interesantes sobre la validez y la aplicación de la ley de la atracción. En su artículo «La ley de la atracción revisada», Farber señala que «los partidarios de la ley de la atracción enseñan que por el hecho de ser una ley universal siempre se cumple, igual que la ley de la gravedad. Funciona invariablemente, creas en ella o no... Según este criterio, el índice de éxitos conseguidos con la ley de la atracción debería ser aproximadamente del 100 %». Sin embargo, tú y yo sabemos que ese índice de éxitos no se acerca de ningún modo al 100 %. De hecho, a John Assaraf, un investigador que se ha dedicado a estudiar el cerebro y CEO de *NeuroGym*, le gusta destacar que el índice de éxitos de la ley de la atracción es del 0,1 %. Basándome en lo que yo mismo he experimentado al practicar la ley de la atracción, estoy totalmente de acuerdo con Assaraf. Y teniendo en cuenta tu propia experiencia, ¿acaso no coincidirías tú también con nosotros? Un poco más adelante, Farber formula la siguiente pregunta: «¿Es la ley de la atracción tan fiable como la ley de la gravedad?». Evidentemente, no lo es. El mero hecho de observar cómo se ha aplicado esta ley debería ser una prueba más que suficiente, pero si eso no te basta, entonces tendrás que aceptar el porcentaje de éxitos determinado por los expertos en el campo. A continuación daré un ejemplo.

En 2006 se publicó un libro que garantizaba a los lectores que la información contenida en él era «una revelación increíble que transformaría la vida de todos aquellos a quienes llegara». El libro era *El Secreto*, de Rhonda Byrne. Ese libro, que enseñaba los principios de la ley de la atracción, tuvo un éxito rotundo y se vendieron millones de ejemplares en todo el mundo. Fue el libro más exitoso de los de su género. Si tan solo tuviéramos en cuenta ese dato, es decir, si nos basáramos en el éxito inicial de la autora, deberíamos concluir que ella era en realidad la maestra de la ley de la atracción y que tenía algo enormemente valioso que enseñarnos. Pero en esta historia hay muchas cosas más.

Poco tiempo después, la autora publicó un segundo libro que, en comparación con el éxito del primero, fue un fracaso decepcionante. Más adelante, Byrne publicó un tercer libro con un éxito considerablemente menor que el del segundo. Si aceptamos que ella es una verdadera maestra de la ley de la atracción, entonces ¿por qué cada uno de los siguientes libros de la autora tuvo menos éxito? La conclusión lógica sería que ella guardaba la clara intención de tener cada vez menos éxito con sus libros y se dedicó a invocar a las leyes de la atracción para que su deseo se materializara.

En verdad yo no tengo ni idea de qué era lo que Byrne tenía en mente, pero imagino que estarás de acuerdo conmigo en que ella no podía pretender ser una autora cada vez menos exitosa. No me cabe ninguna duda de que comprendes perfectamente lo que quiero decir. A pesar de su autoproclamada maestría sobre la ley de la atracción, Byrne fue incapaz de repetir su éxito original. Si la ley de la gravedad trabajara con la misma eficacia que la ley de la atracción, todos estaríamos flotando por el espacio exterior. Byrne no consiguió repetir su primer éxito, y la repetición es uno de los pilares sobre los que se construye el proceso científico. Si la eliminas, toda la ciencia se derrumba.

¡En lo que concierne a la ciencia, no hay ninguna ley de la atracción!

Déjame hacerte una pregunta. ¿De qué ciencia crees que procede la ley de la atracción? ¿De la física, la química, la biología o la psicología? Y la respuesta es... de ninguna de ellas. ¡En lo que concierne a la ciencia, no existe ninguna ley de la atracción!

«Pero», podrías decir, «la ley de la atracción afirma que "lo semejante atrae a lo semejante". Los pensamientos tienen una energía magnética. Los positivos atraen pensamientos positivos y los negativos atraen pensamientos negativos. Así funciona». Bien, si así es como opera la ley de la atracción, entonces desafía por completo las leyes establecidas de la física en las que tú y yo confiamos para nuestra supervivencia. Por ejemplo, que los imanes se atraen es una realidad, pero no lo hacen debido al principio de la ley de la atracción que determina que «lo semejante atrae a lo semejante», sino precisamente por lo contrario. Las fuerzas electromagnéticas, incluidos los imanes, se basan en el principio de que «los opuestos se atraen». Y el pensamiento, cuando se refleja en el cerebro y se mide mediante una EEG, es una fuerza electromagnética.

Voy a hacerte otra pregunta más. ¿Has formulado alguna vez una intención basada en la ley de la atracción y has obtenido el resultado *opuesto* al que deseabas? Lo creas o no, esta es una experiencia bastante común entre los seguidores de la ley de la atracción. De acuerdo con Byrne y otros maestros motivacionales, conseguir lo contrario de lo que se esperaba constituiría un fracaso. Sin embargo, si tienes en cuenta la ley de la física que demuestra que los opuestos se atraen, obtener un resultado contrario a lo que habías pedido podría considerarse un éxito. En cualquier caso, esto debería hacernos reflexionar.

Creo que después de esta explicación ya eres capaz de aceptar que la ley de la atracción no existe.

Y si no existe, no puede funcionar. Los que la practican no pueden medir sus efectos ni pueden reproducirlos. Esta es una preocupación real y un gran problema para los maestros que enseñan los métodos motivacionales, cualesquiera que sean. Fue en la década de los años veinte del siglo pasado cuando el psicólogo francés Emile Coué dio a conocer por primera vez el concepto de pensar en positivo como un método de autoafirmación. En su inicio, cuando se concibió el principio de «lo semejante atrae a lo semejante», su enseñanza era muy simple. Si tenías pensamientos positivos, te ocurrirían cosas positivas. Si alguien no conseguía sus objetivos a pesar de concentrarse en pensar en términos positivos, se le sugería que eliminara de su vida todos los pensamientos, las personas y los lugares negativos. Si eso tampoco producía resultados satisfactorios, se añadían más y más instrucciones al carro de la compra de la esperanza, la salud y la felicidad. Hoy en día, para formular la intención o la afirmación correctas e invocar la ley de la atracción, debes reproducirla tan detallada y exactamente que el intento pondría en apuros a un científico especializado en cohetes espaciales. Vamos a considerar ahora lo que supone congregar las fuerzas de la naturaleza en tu favor cuando la simple aplicación de la ley de la atracción te falla.

Para empezar, te sientes motivado a eliminar todas las influencias negativas de tu vida (un esfuerzo casi imposible para la mayoría de nosotros y especialmente problemático para las personas que trabajan en atención sanitaria o en servicios sociales, así como también para las que tienen trabajos de orden público o profesiones similares). También quieres tener una visión clara de tu objetivo (pronto veremos que incluso el acto de establecer una meta interfiere en la posibilidad de alcanzarla); comprobar que todos tus pensamientos, palabras, acciones y especialmente tus emociones se alinean con tu objetivo; y por último, vivir como si ya lo hubieras conseguido (otra actitud que se ha demostrado que reduce tus posibilidades reales de tener éxito). Parecería que, junto con la promesa de prosperidad, la ley de la atracción invitara a la lucha, la frustración y el fracaso.

¿Comprendes ahora por qué esta práctica que un día fue simple se ha vuelto bastante complicada? El problema es que en cuanto te indican que no debes pensar de forma negativa, ya estás sentenciado. Es lo mismo que decirte que no pienses en un mono de color rosa con una banana azul. La cuestión es que antes de poder eliminar esa imagen primero debes pensar en ella, ¿no es cierto? Bien, si te dicen que pienses exclusivamente en términos positivos también fracasarás. Eso no puede ser bueno. Si alguna vez has intentado tener únicamente pensamientos positivos, ya sabes a qué me refiero. Para pensar en positivo, primero debes saber qué es un pensamiento negativo, ¿verdad? Y aquí nos topamos con otra ley real de la física. La tercera ley del movimiento de Newton afirma que para cada acción existe una reacción igual y opuesta. No estoy seguro de si la tercera ley de Newton puede aplicarse a la psicología, pero si fuera posible, acabas de ver cómo funciona. Y en el caso de que no lo fuera, tendríamos que concluir que entonces tampoco se puede aplicar la ley de la atracción al plano mental.

El poder máximo de la vida procede de lo puro y simple.

Además, una verdadera ley no precisa de tu ayuda para funcionar. ¿Cuánta preparación y práctica se necesitan para aplicar la ley de la gravedad? Siempre me ha parecido que cuando se trata de mejorar nuestra calidad de vida, menos es más. El poder máximo de la vida procede de lo puro y simple. La física cuántica respalda mis afirmaciones. Se denomina «vacío cuántico» a la realidad cuántica más pura y simple, un estado inexistente del que surge la creación. Al margen de esta realidad, el movimiento motivacional en su conjunto se está yendo a pique, está haciendo agua frenéticamente en un mar de falsas afirmaciones, prácticas arcanas y, sobre todo, resultados inexistentes. Incluso sus más fervientes seguidores, después de años de dedicación, están empezando a desilusionarse. Lo compruebo en todas partes del mundo durante mis viajes. El típico seguidor de la ley de la atracción y de otras prácticas motivacionales tiene grandes esperanzas y expectativas, ha leído aproximadamente doscientos libros, ha asistido a decenas de talleres motivacionales y ha gastado miles de dólares..., y aún sigue luchando por encontrar el camino para obtener riqueza u otras recompensas. ¿Por qué han sido estos individuos tan fieles a una causa perdida? Por fe, confianza y esperanza: fe en la magia de un sistema imposible, confianza en sus bien intencionados pero mal informados mentores y esperanza de llegar también ellos a formar parte del millón de personas que han conquistado el éxito. Salvo raras excepciones, los únicos que llegan a alcanzar sus metas son los maestros motivacionales. Y, como ya hemos visto, incluso ellos son incapaces de reproducir con exactitud su éxito continuado.

Si todas las personas que practican la ley de la atracción y otras técnicas motivacionales hubieran invertido el mismo tiempo, esfuerzo y dinero en prácticas más fundadas, habrían aprendido lecciones muy valiosas para su propio desarrollo aunque no hubieran alcanzado sus objetivos. Cuando al final se dejan a un lado las soluciones rápidas y las enseñanzas insustanciales de la ley de la atracción y otros métodos motivacionales, lo que queda es una filosofía fantasiosa y sin sentido que carece de base real. Igualmente podrías alcanzar el éxito si descartaras la ley de la atracción, te sentaras con los pies en alto, abrieras una lata de cerveza y miraras un episodio de *Los Simpsons* por televisión. Al menos así habrías tenido algo de qué reírte.

La emoción es lo que impulsa el movimiento motivacional.

Una última pregunta antes de continuar. ¿Qué es lo que más te motiva, el pensamiento o las emociones? Las emociones, ¿verdad? Ciertamente, el pensamiento es como la vía del tren y la emoción es la locomotora que traquetea sobre la vía. La emoción es lo que impulsa el movimiento motivacional. El pensamiento es secundario. Ahora, déjame que te haga una pregunta más: ¿Qué es lo que prevalece en el proceso científico, el pensamiento o las emociones? Has acertado de nuevo, el pensamiento es dominante. Las emociones tienen corta vida y son irracionales. El intelecto, que incluye el pensamiento lógico, analítico y discriminativo, es menos espontáneo pero más duradero. De ninguna manera estoy sugiriendo que un proceso sea mejor que el otro. Eso sería una tontería. Por alguna razón tenemos una mente que los aloja a ambos. Basarnos demasiado en la emoción o, por el contrario, en el intelecto desequilibra nuestra vida y genera confusión, frustración y decepción.

Por el contrario, la armonía entre el pensamiento y la emoción fomenta la creatividad, la libre expresión, el éxito y algo que no está demasiado presente en nuestras vidas, la diversión. En el próximo capítulo vamos a analizar más detenidamente el proceso preferido del movimiento motivacional, la técnica de pensar en positivo. Además, examinaremos de qué forma su dependencia de la emoción genera más problemas de los que resuelve. A continuación nos ocuparemos de un proceso natural que cualquiera puede realizar. Se trata de un procedimiento que equilibra automáticamente tu forma de pensar y sentir, y tiene una incidencia positiva directa en tu calidad de vida. Ese proceso pone en práctica de forma natural lo que la técnica de pensar positivamente tan solo puede «pensar». Después de que te hayas familiarizado con él, te explicaré la curación cuántica,* que forma parte del Sistema Kinslow. Sus efectos profundos e inmediatos se producen después de haber experimentado directa y personalmente el completo equilibrio entre la emoción y el pensamiento. Si te parece, podemos empezar.

---

* En el original *Quantum Entrainment* (QE). El término *entrainment* no tiene una traducción concreta y ha sido objeto de debate en muchos foros. En el tema que nos ocupa y siguiendo el criterio de otras publicaciones en castellano de la obra del autor, hemos optado por utilizar la más generalizada y la que más se ajusta a este contexto.

Capítulo 6

PENSAR EN POSITIVO FRENTE A TENER PENSAMIENTOS POSITIVOS*

Es posible ganar mucho más de lo que puedes imaginar cuando se conocen las deficiencias de la práctica de pensar en positivo. Lo único que hay que hacer es rascar un poco la superficie para comprobar qué es lo que no funciona y qué es lo que ofrece beneficios prácticos reales. ¿Qué te parece si lo hacemos? ¿Tiramos lo inútil y lo reemplazamos por algo práctico que sea verdaderamente eficaz? ¡Fantástico!

Vamos a empezar con un par de preguntas. Para los principiantes, ¿qué es pensar en positivo? Las

---

* N. de la T.: El autor señala aquí una diferencia significativa entre *positive thinking* y *positive thought*, con un matiz cuya traducción no es sencilla. Básicamente se trata de distinguir entre la práctica aprendida de pensar en positivo y los pensamientos positivos espontáneos. Las explicaciones del autor a lo largo del capítulo nos aclaran su perspectiva.

prácticas confusas generan necesariamente explicaciones vagas y mal definidas –y en algunos casos ni tan siquiera definidas– sobre su forma de operar. Existen tantas formas de ilustrar el procedimiento de pensar en positivo como personas que se encargan de explicarlo. Déjame ofrecerte la definición práctica que he acuñado para que tengamos un punto de partida común.

La práctica de pensar positivamente está destinada a reemplazar los pensamientos negativos por actitudes, afirmaciones, emociones y pensamientos positivos. Es una técnica que se alinea con la ley de la atracción. La idea es que si repites afirmaciones esperanzadoras o piensas en sitios agradables, personas inspiradoras o actos de amor, dichos pensamientos generan una energía positiva que resuena con otras energías positivas que hay en tu interior y en tu entorno. Una vez más, podemos decir que esta es una hermosa y elástica teoría, pero no se parece en absoluto a la forma en que nuestro mundo funciona en realidad.

Pensar en positivo es una técnica que intenta sustituir los pensamientos negativos por otros positivos.

No confundamos la práctica de pensar en positivo con tener pensamientos positivos. Pensar en positivo es una técnica dedicada a sustituir los pensamientos negativos por otros positivos. Un pensamiento positivo es la expresión mental espontánea, sana y feliz de una persona que disfruta naturalmente de la vida. Esa persona no tiene ninguna necesidad de controlar ni dirigir su mente con el propósito de activar emociones aletargadas para crear una apariencia de felicidad. Los pensamientos positivos no producen efectos secundarios. La práctica de pensar en positivo es planificada, es algo que hacemos con una intención premeditada. En cambio, los pensamientos positivos son espontáneos y fluyen libremente. Hay cada vez más evidencias que demuestran que pensar en positivo no solo es ineficaz, sino también psicológicamente perjudicial. Se trata de una diferencia que es muy importante reconocer. El sistema que yo propongo sustenta y expresa los pensamientos positivos que fluyen de forma natural y sin esfuerzo, y mejoran nuestra vida.

Supongamos, por ejemplo, que hoy te sientes un poco triste o incluso un poco deprimido. Como es evidente, te gustaría encontrarte mejor, estar más productivo y disfrutar del día en vez de agobiarte. Entonces, ¿qué puedes hacer? Tienes tres opciones. Puedes aceptar que estás de malhumor, recurrir a la técnica de pensar en positivo o producir pensamientos positivos. ¿Adivina cuál de las tres alternativas elegiría yo? Seguramente pensarás que yo me inclinaría por generar pensamientos positivos. Sin embargo, ¡no has acertado! Lo que yo haría –y, de hecho, lo que suelo hacer– es aceptar mi estado de ánimo y pasar el día de la mejor manera posible. Y ahora te explicaré mis motivos. Vamos a analizar las tres opciones. A continuación presentaré algunos argumentos que tal vez te parezcan poco realistas, pero te ruego que tengas paciencia. Respaldaré cada una de las tres opciones recurriendo a estudios recientes y ofreciendo varios ejemplos un poco más adelante. En primer lugar, nos ocuparemos de lo que significa pensar en positivo.

> **La técnica de pensar en positivo trabaja en contra de la verdadera naturaleza de un estilo de vida positivo y productivo.**

La técnica de pensar en positivo es artificial. Trabaja en contra de la verdadera naturaleza de un estilo de vida positivo y productivo. Para pensar en positivo es preciso basarse en un estado de ánimo positivo. Ese estado anímico se crea artificialmente recordando cómo era ser afectuoso, compasivo o feliz. El estado de ánimo que se produce por este medio es una representación del pasado que carece de la vitalidad y el esplendor del presente. Por ejemplo, podrías colocar notas adhesivas en toda la casa para recordarte que debes sonreír o que eres una persona de éxito; podrías leer historias de personas que han superado milagrosamente los mismos problemas que tú estás afrontando en este momento, o podrías mirarte en el espejo e intentar convencerte de que eres un ser cariñoso, positivo y feliz que triunfa en todos los ámbitos de la vida. Incluso podrías evocar el cántico popular de Emile Coué, «Cada día, estoy cada vez mejor, mejor y mejor en todos los aspectos de mi vida», aunque esto iría en contra de una norma que se menciona con frecuencia al enseñar la técnica de pensar en positivo y que consiste en vivir como si ya fueras lo que deseas ser y ya tuvieras lo que anhelas.

Crear un estado de ánimo positivo es una forma de autoengaño que nos sirve para distraernos de nuestras aflicciones actuales. Básicamente, te estás vendiendo la idea de que eres feliz cuando no lo eres. Es una táctica muy parecida a una antigua y engañosa estrategia de venta utilizada para atraer clientes. Como veremos, la práctica de pensar en positivo rara vez es útil y nunca durante demasiado tiempo. Y por si esto fuera poco, puede incluso ser contraproducente y generar la misma negatividad que está destinada a disipar.

Los pensamientos positivos son todo lo contrario a la práctica de pensar positivamente. Fluyen de manera espontánea y natural a partir de una emoción positiva y son una representación clara y definida de tu estado mental. Cuando presencias el nacimiento de un bebé o cuando te enamoras, no tienes ninguna necesidad de crear emociones positivas porque ellas surgen por sí solas sin tu ayuda, ¿verdad? Un pensamiento positivo no requiere que te pares a pensar en él para luego tratar de reproducirlo. Si te encuentras a gusto, tienes pensamientos positivos sin ningún esfuerzo por tu parte. Así lo experimentamos todos. Existe una verdad que es innegable: las emociones positivas producen pensamientos positivos. Eso es precisamente lo que hacen.

Ahora volvamos a la opción de aceptar el estado de ánimo que tienes en un momento determinado. Pretender que te encuentras en un lugar en el que realmente no estás es una auténtica locura. ¿Acaso podrías estar en un sitio diferente al que te encuentras ahora? Aunque te sientas enfadado o estés irritable, debes dar la cara y aceptar que ese es tu estado anímico actual, ¿verdad? Si tienes resaca porque la noche anterior bebiste demasiado vino, te mentirías a ti mismo si intentaras convencerte de que eres feliz y no tienes preocupaciones. ¿Por qué no pruebas a decirle a un compañero de la oficina que te sientes fenomenal mientras tus ojos están rojos como tomates y las bolsas que hay debajo de ellos son del tamaño de las berenjenas? No puedes engañar a nadie y, fundamentalmente, no puedes engañarte a ti mismo. La próxima vez, bebe menos vino. Y si no, al menos no te quejes ni lo lamentes si al día siguiente te levantas con resaca.

En cuanto dejas de negar la realidad tienes una oportunidad perfecta para modificarla. Es precisamente esa sensación incómoda la que te motiva a intentarlo, ¿vale? La idea es que no te dediques a simular que no sientes ningún malestar, sino, por el contrario, que lo reconozcas para seguir avanzando. «Pero —preguntas—, ¿qué tengo que hacer cuando me siento mal? ¿En qué parte de la ecuación interviene el pensamiento positivo?». ¡No sabes cuánto me alegra que lo hayas preguntado!

Jamás te diría todo esto si no pudiera ofrecerte una solución. Tengo un as en la manga y sé que te entusiasmará. Y además estoy convencido de que eso es justo lo que estás buscando. Sin embargo, necesito un poco más de tiempo para desarrollar algunos conceptos antes de revelártelo. Muy pronto podrás comprobar que la espera ha merecido la pena. Ahora te basta con entender que este proceso «natural» producirá y mejorará el flujo natural de pensamientos positivos cada vez que lo pongas en práctica. Este procedimiento tiene un montón de beneficios para el cuerpo y la mente, y también para todos los aspectos y los momentos de tu vida. Y además debes saber una cosa, ¡también es una cura capaz de acabar con cualquier resaca!

Los pensamientos positivos fortalecen; pensar en positivo debilita.

Por un lado, tenemos la técnica de pensar en positivo y por el otro, el pensamiento positivo. Deja que te advierta una vez más que no debes confundirlos. Recuerda que tu felicidad es el resultado de experimentar emociones que generan pensamientos positivos, y el proceso que voy a enseñarte se ocupa exactamente de eso. Quiero que sepas que los pensamientos positivos fortalecen, mientras que pensar en positivo debilita. Ahora que te lo he dicho, ya me siento mejor. Gracias.

CAPÍTULO 7

¿QUÉ ES LA NEGATIVIDAD?

Existe una idea generalizada de que la energía de los pensamientos positivos neutraliza la energía de los pensamientos negativos. Aunque esta teoría es esperanzadora, una vez más se trata de una ilusión que no se basa en ninguna ciencia. Pero eso no es todo. En la ley de la atracción existe un elemento moral que merece ser considerado. Comienza por el hecho de darse cuenta de que no existe ningún criterio absoluto para la negatividad, para lo que es bueno o lo que es malo.

¿Qué me responderías si te preguntara qué es la negatividad? En tu descripción podrías utilizar palabras como *pesimismo*, *hostilidad*, *desconfianza*, *adversidad* y muchas otras semejantes. Pero, ¿qué es la *negatividad*? Si reflexionaras unos momentos, te darías cuenta de que la negatividad no es tan fácil de definir como hubieras podido imaginar. También podrías decir algo como: «Un resultado negativo es un mal resultado».

Pero eso realmente no ayuda mucho, ¿no crees? Para definir lo negativo, podríamos usar nuestros sentimientos como una vara de medir. La mayoría de nosotros lo hacemos. Si algo nos parece mal, lo consideramos negativo. Y si nos parece muy mal, lo calificamos de muy negativo. La cuestión es que el problema reside esencialmente en esta apreciación.

Ninguno de nosotros ve la vida con los mismos ojos.

Lo que a nosotros nos parece mal quizás no lo sea para la persona que está a nuestro lado. En otras palabras, lo que una persona considera negativo puede ser visto como algo positivo por otra. Einstein afirmó: «No hay dos cosas que puedan ocupar el mismo espacio-tiempo». Lo que pretendía decirnos es que no hay dos personas que puedan tener exacta y simultáneamente el mismo punto de referencia. Ampliando un poco esta afirmación, podríamos decir que no hay dos personas que tengan exactamente el mismo código genético, ni tampoco las mismas influencias medioambientales. Ni siquiera los gemelos idénticos tienen la misma secuencia genética. A pesar de ser muy semejantes, son personas diferentes con distintas experiencias de vida. Las investigaciones genéticas recientes indican que el ADN de los gemelos idénticos no es exactamente igual. Estos hallazgos invitan a reflexionar. ¿Y cuál es la conclusión? Ninguna de las personas que vivimos en este maravilloso planeta tierra —ni de las que habitan en otros mundos, si las hay— vemos la vida con los mismos ojos.

¿Y qué relación tiene esto con lo que estábamos hablando? En pocas palabras, no hay dos personas que tengan la misma idea sobre la negatividad. Nuestro barómetro para definir lo que es correcto y lo que no lo es nos pertenece en exclusiva y no lo compartimos con ninguna otra persona. Y aun en el caso de que quisieras desesperadamente estar de acuerdo con otra persona, no podrías conseguirlo debido a las diferencias en el perfil genético y en la educación recibida.

La verdadera cuestión es la siguiente. Si dos personas no se ponen de acuerdo en lo que es correcto y lo que no lo es, ¿cuál de las dos tiene razón? ¿Quién o qué es la máxima autoridad? No hay forma de saberlo, ¿o sí? ¿Has tomado alguna vez una decisión que considerabas la más acertada y más tarde has descubierto que ha causado todavía más problemas y sufrimiento? Y, al contrario, ¿en alguna ocasión te has visto obligado a tomar una decisión que presumías que podía llegar a ser muy perjudicial y, sin embargo, acabó facilitando que se produjera un cambio muy positivo en tu vida? Seguramente que sí. Todos hemos tenido experiencias similares.

No podemos saber con certeza cuándo algo es bueno para nosotros.

Cuando estudiaba en la Escuela de Quiropráctica, tenía un compañero de clase que era un verdadero pelmazo, hablaba a voces y siempre estaba intentando que le prestáramos atención. Era alguien con quien yo no tenía ningún interés en relacionarme. Una noche estuve trabajando un par de horas en un problema de química orgánica muy complicado sin poder resolverlo. De todas las personas que conocía, ninguna había sido capaz de dar con la solución. Como estaba absolutamente desesperado, decidí con reticencia recurrir a él. «Sí —me dijo—, también a mí me resultó difícil. Va a ser un poco complicado que te ayude a resolverlo por teléfono. Será mejor que vaya a verte». La persona que se presentó aquella noche no tenía nada que ver con la que creía conocer. Al momento descubrimos que trabajábamos muy bien juntos y enseguida nos hicimos muy amigos. Nuestra sólida amistad sigue intacta tres décadas más tarde. Lo que quiero decir con este ejemplo es que lo bueno y lo malo son conceptos relativos que se modifican continuamente. La naturaleza de lo bueno y lo malo cambia de manera constante, lo que implica que no podemos saber con certeza cuándo algo es bueno para nosotros.

CAPÍTULO 8

¿SON MORALES LA PRÁCTICA DE PENSAR EN POSITIVO Y LA LEY DE LA ATRACCIÓN?

Si la ley de la atracción funcionara, tal como se afirma, entonces tendríamos un motivo importante para preocuparnos. No sé si entiendes a dónde pretendo llegar con esta afirmación. Lo que quiero decir es que si realmente se pudiera utilizar el máximo poder creativo del universo según nuestra voluntad individual, eso podría tener consecuencias devastadoras. Es posible que deseáramos conseguir algo que quizás resultara perjudicial para nuestros seres queridos o para personas que no conocemos, incluidas las almas que todavía no han nacido y están a la espera de tener la oportunidad de dejar su huella.

No somos capaces de comprender la inmensidad del cosmos.

Podemos estar seguros de dos cosas: que el universo tiene un orden y que nuestras mentes limitadas no pueden llegar a entender el verdadero alcance de ese orden infinito. En términos universales, nuestra conciencia individual es tan limitada, tan confinada en el espacio y el tiempo por el momento presente, que se tambalea al borde de la oscuridad. Como es evidente, nosotros no tenemos esa sensación porque somos el centro de nuestro universo, los héroes de nuestra propia historia. No podemos comprender la inmensidad del cosmos, de cada partícula, de cada acción y reacción desde el inicio de los tiempos hasta el presente y en el futuro infinito. Nuestro enfoque exclusivo y nuestro limitado ego nos aseguran que lo que deseamos es bueno y que deberíamos obtenerlo. Y, en consecuencia, tú infieres que armado con el poder de la ley de la atracción tienes la capacidad de anular cualquier orden universal natural y doblegarla a tu voluntad. Los egos insatisfechos que existen en todas partes del mundo han provocado muchos sufrimientos sin invocar al poder de la ley de la atracción. ¿Te imaginas hasta qué punto podrían aumentar esos sufrimientos si la ley de la atracción y el pensamiento positivo fueran realmente eficaces?

Los devotos de la ley de la atracción y de la práctica de pensar en términos positivos podrían decirte que es imposible causar daño alguno porque el universo nunca te ofrecería algo que no fuera bueno para ti o que pueda lastimar a otras personas. Si esta explicación fuese correcta, teniendo en cuenta su deprimente nivel de éxitos, esto significaría que el 99,9 % de las personas que aplican esta técnica no se merecen lo que desean. Y esto nos lleva a otro problema: el trauma psicológico.

Tal vez nunca hayas pensado en ello, pero existen pruebas convincentes de que determinados individuos que practican la ley de la atracción, la técnica de pensar en positivo, las afirmaciones y otros procedimientos motivacionales corren un alto riesgo de desarrollar una depresión o algún otro tipo de trauma psicológico. Las personas que sienten que algo les falta y cuya autoestima amenaza con irse a pique pueden sufrir enormemente cuando no logran conseguir que la ley de la atracción funcione para ellas. El hecho de que una ley natural no trabaje a su favor les hace sentir que no son merecedoras del éxito. Lo más desalentador es que este tipo de personalidades son justo las que se sienten atraídas por los métodos motivacionales.

La ley de la atracción es una filosofía apasionante y esperanzadora. Es realmente reconfortante creer que el universo está de nuestro lado y quiere satisfacer todos nuestros deseos, que por el mero hecho de producir un pensamiento «atractivo» y mover la nariz, nos encontraremos sentados en el mullido asiento de cuero de un Maserati totalmente equipado. Eso nos hace sentir especiales y que estamos atendidos y respaldados. Y lo que es más importante, nos lleva a pensar que tenemos el control de nosotros mismos. Es natural y sano que aspiremos a mejorar nuestra situación social. Somos humanos, y eso es lo que hacemos. Pero incluso esta misma explicación contradice la enseñanza original de la ley de la atracción.

> **Realmente hemos perdido el rumbo...,
> recurrimos a fuentes externas
> para reemplazar la felicidad interior.**

La ley de la atracción no responde a las afirmaciones de sus defensores y, de hecho, no puede hacerlo. A lo mejor dentro de varios miles de años, cuando la humanidad haya evolucionado y tenga un cerebro del tamaño de un superpetrolero, seremos capaces de reinventar las leyes naturales de la física, moldearlas a voluntad, y conseguir la gratificación inmediata de todos y cada uno de nuestros deseos. Las imaginativas elucubraciones de los defensores de la ley de la atracción podrían llegar a ser eficaces solo cuando las leyes de la física fracasen, el cielo se invierta y los mares se conviertan en cielo. Sin embargo, es sumamente improbable que suceda incluso en esas condiciones. Y, además, es innecesario. La ley de la atracción se creó para llenar un vacío. El deseo apasionado que impulsa a los seguidores de la ley de la atracción puede ser sofocado sin las trampas de una pseudociencia. Realmente hemos perdido el rumbo en lo que respecta a la autosatisfacción, pues recurrimos a fuentes externas para reemplazar la felicidad interior. De cualquier manera, no hay de qué preocuparse porque podemos remediarlo con facilidad. De no ser así, este libro sería muy corto.

CAPÍTULO 9

¿ES LA TÉCNICA DE PENSAR EN POSITIVO LA CAUSA DE QUE TENGAS MENOS ÉXITO?

La cuestión de si la técnica de pensar en positivo es o no eficaz resulta un poco más difícil de determinar en una época en la que incluso se está poniendo en entredicho la afirmación, aceptada como certeza, de que las grasas saturadas son perjudiciales para nuestra salud, un tema que se planteó hace ya varias décadas. Las investigaciones que subrayan los beneficios de pensar positivamente se basan en conclusiones poco sólidas. Un artículo publicado en *Scientific American* el 1 de mayo de 2011, escrito por Scott O. Lilienfield y Hal Arkowitz, que llevaba por título «¿Puede ser negativo pensar en positivo?» demostró que la investigación que se muestra a favor de la práctica de pensar en positivo tiene problemas muy significativos. En el artículo se afirma: «En realidad, gran parte de los datos que apoyan los sólidos beneficios de pensar en positivo son inconsistentes... La misma ambigüedad se observa en la mayoría de los estudios que pretenden demostrar que el optimismo puede aliviar los estados de ánimo depresivos o impulsar el rendimiento en el trabajo».

Esto no significa que el hecho de pensar en positivo no sirva para nada. No se trata de eso. El caso es que pensar positivamente parece tener un *efecto limitado durante un breve período de tiempo*. La cuestión radica en que es preciso seguir generando una actitud mental positiva para obtener buenos resultados. Cuando te esmeras en pensar de forma positiva, puedes encontrarte un poco mejor y sentirte momentáneamente feliz, pero lo más probable es que un poco más tarde ya no tengas la misma sensación. De hecho, puedes llegar a sentirte peor que antes o incluso caer en una depresión.

> **Generar un estado de ánimo positivo solo tiene un efecto duradero si continúas trabajando en ello.**

El problema es que generar un estado anímico positivo solo tiene un efecto duradero mientras continúes trabajando en ello. En el momento en que tu mente se aleje del camino positivo, la felicidad que has ganado con esfuerzo se distanciará con ella. Se necesita un gran caudal de energía para mantener una actitud positiva. Piensa cuánta energía se requiere para ofrecer una sonrisa cuando no estás de humor para sonreír. Voy a poner un ejemplo. Después de un seminario, me encanta sacarme fotos con los participantes que me lo solicitan con entusiasmo, pero he observado que mi sonrisa se agota después de veinte o treinta fotos y, en cierta manera, comienza a parecer de plástico. En esos momentos, hacemos bromas sobre el esfuerzo, todos nos reímos y una modesta sonrisa vuelve a iluminar mi rostro. No puedo más que maravillarme con todas esas personas cuyo trabajo consiste en motivarnos para comprar lo que pretenden vendernos, sean políticos, vendedores superentusiastas o lo que sean. Son los atletas olímpicos de la sonrisa. Sin embargo, hay una gran diferencia entre una sonrisa natural y espontánea, y una sonrisa forzada. Y precisamente esto es lo que quiero destacar en relación con la técnica de pensar en positivo.

Puedes forzar una sonrisa y conseguir sentirte bien durante algunos momentos, pero tu estado de ánimo negativo vuelve a manifestarse en el momento en que bajas la guardia. De la misma manera, coordinando el esfuerzo y la energía podrías llegar a pensar en positivo y hacer afirmaciones, pero todo se disipa en cuanto ese esfuerzo comienza a agotarte y tu atención se dispersa. Por otra parte, no hay nada tan hermoso y edificante como una amplia y luminosa sonrisa que surge espontáneamente de la alegría interior. La felicidad, el éxito o la expresión pujante de la vida proceden de la vitalidad interna, y no de una decisión premeditada de ser feliz. Me temo que el razonamiento: «Cuando estoy feliz tengo pensamientos positivos; por consiguiente, si genero pensamientos positivos, seré feliz» sencillamente no es verdad.

En el mismo artículo de *Scientific American*, los autores citan a Anthony Ong, un psicólogo de la Universidad de Cornell: «Aunque la mayoría de los estudios demuestran que las personas optimistas tienden a ser físicamente más sanas que las demás y pueden ser más longevas, estos hallazgos proceden de estudios que analizan cómo se relacionan estadísticamente la actitud de pensar en positivo y los resultados que se obtienen en la vida real, pero que *no pueden dar cuenta de la causa y el efecto* [la cursiva es mía]. Por lo tanto, pensar positivamente puede convertirnos en personas más sanas pero, a la inversa, tener mejor salud puede hacernos pensar de un modo más positivo».

La investigación no ha sido capaz de demostrar que la técnica de pensar en positivo mejora nuestra calidad de vida.

Entonces, ¿qué es exactamente lo que nos está diciendo Ong? ¿Nos encontramos ante un escenario tipo «el huevo o la gallina»? ¿Acaso el esfuerzo de generar un estado emocional positivo permite tener una vida más feliz y prolongada, o más bien es la expresión espontánea de la felicidad interna la que produce emociones y pensamientos positivos? Creo que todos conocemos la respuesta. No necesitamos ser científicos para saber que cuando estamos felices tenemos pensamientos positivos. Esto es algo obvio. Lo que Ong quiere destacar y la investigación sobre la técnica de pensar en positivo no ha conseguido demostrar es que el hecho de producir pensamientos y emociones positivas de manera forzada no tiene una influencia duradera en nuestra felicidad ni en nuestra calidad de vida. De modo que la investigación sobre la práctica de pensar positivamente ha fracasado en su intento de demostrar que es capaz de mejorar nuestra calidad de vida de una forma significativa.

Ya que el sentido común está comenzando a superar el dogma de pensar en términos positivos, resulta irónico que muchos de sus partidarios, que también creen en la ley de la atracción, se pongan a la defensiva. Algunos adoptan una actitud negativa cuando ven que su castillo de arena de esperanzas y sueños comienza a derrumbarse. En algunos casos, pueden atacar el mensaje que intento transmitir, e incluso a mí personalmente. Sin embargo, lo que encuentro más interesante de todo este asunto es que en cuanto empiezan a tomar conciencia y a pensar con claridad, esas personas luchan por mantener intactas sus viejas creencias. El motivo por el cual lo hacen no parece tener mucho sentido. Quizás han invertido mucha energía, muchos años y en algunos casos, mucho dinero en mantener un sueño del que están empezando a despertar. Paradójicamente, esta reacción negativa se opone frontalmente a la visión del mundo que han adquirido y, en cierta medida, constituye una prueba de que la práctica de pensar en positivo no les está funcionando. Darse por vencido cuando las esperanzas se han agotado puede ser un proceso bastante incómodo. Pero no hay motivo para desesperarse. Si todavía sigues convencido de la importancia de hacer afirmaciones, pensar en positivo y aplicar otros métodos motivacionales, no te pediría jamás que renunciaras a tus convicciones a no ser que tuviera algo de gran valor para ofrecerte.

La práctica común de utilizar la intención es la siguiente: primero tienes un deseo y luego aplicas las técnicas motivacionales, como son la ley de la atracción, pensar en positivo, las afirmaciones y demás. Si lo haces todo correctamente, las leyes del universo respaldarán tu energía positiva, tus deseos se materializarán y tú te sentirás satisfecho. Sin embargo, llegarás a descubrir que esta forma de utilizar la intención que se practica con frecuencia es retrógrada. El carro está por delante del caballo y, del mismo modo que el acercamiento entre el carro y el caballo, genera problemas allí donde no deberían existir. Por el contrario, la técnica de la intención del Sistema Kinslow invierte completamente el proceso, ¡y comienza por satisfacer el deseo en primer lugar! Es realmente extraordinario. Y si crees que es imposible, sigue leyendo.

CAPÍTULO 10

¿PENSAR EN POSITIVO PUEDE PROVOCARTE UNA ENFERMEDAD?

Si pensar de forma positiva fuera inocuo, un simple y fútil devaneo mental, entonces no sería más que una frívola pérdida de tiempo. No obstante, la realidad es que pensar positivamente no solo no es favorable, sino que además puede provocar una reacción psicológica negativa. Resulta irónico, ¿verdad? Es muy probable que esta revelación te sorprenda, pero cuando comprendas el mecanismo sabrás por experiencia propia que es verdad. Vamos a dedicar algunos minutos a analizar esos efectos negativos y la forma en que podemos superarlos. Recuerda que nuestro trabajo no es eliminar aquellos pensamientos positivos que son el reflejo natural de una mente sana. Eso sería absolutamente ridículo. Nuestra tarea consiste en eliminar los efectos negativos que produce la práctica premeditada de pensar en positivo, la cual requiere un esfuerzo no natural por reproducir la felicidad a través de la manipulación emocional y de la pura fuerza de voluntad. Y para suprimir dichos efectos, contamos con la herramienta perfecta. Pero antes de ponernos manos a la obra, vamos a echar un vistazo a lo que dicen los investigadores que han estudiado el tema acerca de los efectos negativos que genera la intención deliberada de pensar en positivo.

Tu capacidad para disfrutar de lo que estás haciendo se reduce cuando solo estás pendiente de tus objetivos.

En un estudio realizado por los investigadores Ayelet Fishback de la Universidad de Chicago y Jinhee Choi de la Facultad de Empresariales de Corea, se descubrió que tu capacidad para disfrutar de lo que estás haciendo se reduce cuando solo estás pendiente de tus objetivos. Si lo que haces te aporta pocas satisfacciones, eso se traduce en una menor capacidad para conseguir esos objetivos. Se solicitó a los sujetos del estudio que hicieran ejercicio físico en un gimnasio. Uno de los grupos se centró en un objetivo (por ejemplo, correr en la cinta), mientras que el otro grupo no se planteó ningún objetivo y se limitó a concentrarse en el entrenamiento. El grupo que se centró en un objetivo se mostró más entusiasta pero tuvo menos éxito que el grupo que no se había planteado ninguno. Además, el ejercicio supuso mucho más esfuerzo para el primer grupo que para el segundo. Al parecer, pensar de continuo en tu objetivo reduce la capacidad de disfrutar de lo que estás haciendo en el presente. Básicamente, lo que ocurre es que estás viviendo una ilusión orientada hacia un resultado positivo en vez de estar conectado con la realidad actual.

En su libro *The Willpower Instinct* [El instinto de la voluntad]*,* la Dra. Kelly McGonigal, psicóloga de la Universidad de Stanford y profesora de una de las clases de historia más populares de allí, nos dice que tomar una decisión o hacer una afirmación nos hace sentir momentáneamente bien, pero crea una expectativa que no es realista ni optimista en relación con el futuro. Esta actitud genera un tipo de satisfacción o relajación que no nos permite tener una idea objetiva del presente y del futuro. De hecho, las resoluciones y las afirmaciones nos hacen estar mucho menos motivados para corregir el rumbo y encaminarnos hacia nuestros objetivos. Si no conseguimos alcanzar nuestras metas, podemos sentirnos culpables o frustrados. Cuanto más severos seamos con nosotros mismos, más difícil nos resultará cosechar éxitos. Todo esto no hace más que prepararnos para un fracaso todavía mayor.

El resultado de la práctica de pensar en positivo es que la energía disminuye y nuestro rendimiento es deficiente.

Heather Barry Kappes y Gabriele Oettingen realizaron investigaciones en la Universidad de Nueva York y en la Universidad de Hamburgo respectivamente. Ambas descubrieron que el resultado de la técnica de pensar en positivo era una disminución de la energía y un bajo rendimiento. La razón citada para el bajo rendimiento que genera la práctica de pensar en positivo fue la siguiente: «[Pensar en positivo] no genera la energía que se necesita para perseguir el futuro deseado», afirman las investigadoras. Dicha práctica provoca un tipo de reacción psicofisiológica que tiene como resultado la imposibilidad de completar satisfactoriamente una acción. Pero sus afirmaciones no terminan ahí. Oettingen solicitó a las personas que intervinieron en el estudio que pensaran en los obstáculos reales que podían interponerse en el camino para conseguir sus objetivos. Los sujetos investigados introdujeron una dosis saludable de realidad para equilibrar la positividad de los castillos en el aire. En la jcrga de la técnica de pensar en positivo, a esta realidad se la denomina «negatividad». ¿Y cuál fue el resultado? Los sujetos de Oettingen que incluyeron los obstáculos que podrían impedirles alcanzar sus objetivos obtuvieron mejores resultados que los participantes que se concentraron únicamente en el posible resultado positivo. ¿No te parece interesante? Resulta que en la negatividad hay un componente que es saludable. Vamos a descubrir más cosas.

Capítulo 11

PENSAR EN NEGATIVO COMO UNA TERAPIA POSITIVA

La negatividad es útil.

La negatividad es realista y, por lo tanto, es útil. Hay incluso quienes defienden que «pensar en negativo» es un camino hacia la felicidad. Al principio creía que el movimiento de pensar en términos negativos había surgido como una reacción, una especie de movimiento aguafiestas contra las enseñanzas edulcoradas de la técnica de pensar en positivo. Pero no lo es. Y tampoco es un fenómeno nuevo. Parece ser que existe al menos una forma de pensar en negativo desde que los pies con sandalias de los antiguos griegos marchaban sobre el camino hacia el Partenón. El estoicismo, una escuela filosófica que floreció poco después de la muerte de Aristóteles, utilizaba la negatividad como una especie de compensación para lo que era demasiado optimista. Los estoicos no intentaban neutralizar la negatividad mediante la positividad, lo que pretendían era encontrar un punto intermedio entre ambas. La experiencia que buscaban no era una felicidad eufórica, sino una manera suave de alcanzar el conocimiento o la paz interior. Le otorgaban valor a lo negativo con el fin de encontrar el punto de equilibrio entre la desesperación y la felicidad. De acuerdo con Oliver Burkeman, autor de *El antídoto: Felicidad para gente que no soporta el pensamiento positivo* (Ediciones Urano), los estoicos «en vez de luchar por evitar los escenarios más desfavorables, aconsejaban instalarse activamente en ellos para mirarlos a la cara».

Hoy en día este proceso se conoce como visualización negativa; a continuación voy a resumir cómo funciona. Si encontramos algo que nos hace disfrutar, o incluso algo que nos apasiona, ocurre que en cuanto nos aclimatamos a su presencia, ya no nos ofrece el mismo nivel de felicidad. Tanto si se trata de un artilugio tecnológico que acabamos de comprar, de nuestro maravilloso teléfono inteligente de última generación o de nuestra cariñosa y comprensiva pareja, en un breve espacio de tiempo, nuestro interés empieza a decaer y un poco después, también disminuye nuestro nivel de disfrute. El objeto de nuestra felicidad se desvanece cada vez más. La visualización negativa nos anima a reflexionar acerca de la posible pérdida de ese objeto.

Si te decidieras a practicar la visualización negativa, podrías imaginarte cómo sería tu vida sin tu teléfono inteligente o sin tu pareja. Y por el simple hecho de tener cada vez más conciencia de que ese objeto te produce felicidad, en el futuro tu interés se reavivaría y tu nivel de disfrute sería mayor. El aprecio que sientes por un objeto o una persona aumenta automáticamente cuando te pones a pensar en que podrías perderlos. Se trata de un fenómeno muy común. Estoy seguro de que en alguna ocasión has tomado conciencia de ello.

Hay dos enfoques básicos y eficaces para abordar los problemas potenciales. Yo tiendo a anticipar los problemas que todavía no han sucedido. Lo hago de un modo automático, es parte de mi naturaleza. Si te sucede lo mismo, esa es la forma que tienes de prepararte para lo que ha de venir. En esos momentos, aplicas intuitivamente la visualización negativa. Se trata de un proceso natural por medio del cual se contemplan los posibles resultados negativos para que la vida no te pille por sorpresa. Por el contrario, Martina, mi mujer, prefiere ocuparse de los problemas a medida que se presentan. Ella suele decirme: «¿De qué te sirve preocuparte por adelantado?». Pero el caso es que el hecho de considerar por anticipado los problemas que podrían surgir no constituye una preocupación para mí. Tampoco podemos decir que se trata de una conducta neurótica, a menos que esa inquietud se transforme en una ansiedad o un miedo injustificados. Me parece completamente normal que los problemas potenciales nos produzcan cierto nerviosismo. Por lo tanto, tú también eres normal si eso es lo que te sucede. Las personas como Martina que enfocan las cosas con el lema de «ya veremos» interpretan nuestro nerviosismo como preocupación porque así es como ellas se sentirían. Es evidente que a veces experimentamos cierto grado de malestar, pero es la fuerza y el empuje que necesitamos para prepararnos a triunfar. La investigación ha establecido que esa sensación de inquietud nos mantiene alerta y nos ofrece una oportunidad mayor de tener éxito que cuando pretendemos estar seguros de conseguirlo. Aunque Martina y yo tengamos diferentes enfoques, los dos somos muy buenos a la hora de resolver problemas. Una táctica no es mejor que otra. De hecho, nos complementamos. Hemos descubierto una sana simbiosis gracias a la cual los resultados son mucho mejores de lo que cada uno podría gestionar de forma independiente.

Es necesario experimentar un poco de inquietud para mantener vivo el impulso.

Lo que no hacemos es tratar de fabricar una ilusión de positividad y actuar como si no existiera ningún problema o como si ya se hubiera resuelto gracias a la intervención de fuerzas místicas universales siempre dispuestas a acudir raudamente a nuestro rescate. Es necesario experimentar un poco de inquietud para mantener vivo el impulso. Por ejemplo, si tú estás totalmente convencido de que podrás pagar tu alquiler atrasado a principios del próximo mes pero finalmente no consigues hacerlo, entonces no estarás preparado para afrontar la situación. Y la investigación muestra que en este tipo de circunstancias puedes estar sometido a una gran presión psicológica. Incluso puedes llegar a sentir que tu alma no está recibiendo los frutos de la abundancia universal.

Una segunda ventaja que nos ofrece la visualización negativa frente a la alternativa de pensar positivamente es que reduce la ansiedad y muchas veces también el miedo. Pensar en positivo te hace creer que ya tienes todo lo que estás buscando. El problema es que cuando fabricamos el resultado que deseamos es preciso mantener enérgicamente esa ilusión y, al mismo tiempo, combatir el miedo a perderla. Es una espada negativa de doble filo. ¿Conoces a alguien que esté siempre intentando ser feliz? Las personas que se empeñan en serlo pretenden impulsar su felicidad con sonrisas luminosas y exageradas que funcionan como un radar buscando motivos para sostenerse. Cuando alguien de forma natural se siente feliz o entusiasmado, tiene un brillo especial en los ojos que no tienen las personas que se esfuerzan por alcanzar la felicidad. Estas últimas suelen tener un gesto de perplejidad o incluso de miedo. Y esta es la parte interesante. Esas personas temen perder la ilusión de que es posible conquistar la felicidad por el mero hecho de pensar en ello. En verdad tienen miedo de perder algo que nunca han tenido ni podrán tener. Los estoicos, entre otros visualizadores negativos, sustituyen el miedo a la pérdida por su aceptación. En vez de escapar de la negatividad o de intentar neutralizarla concentrándose en pensar en positivo, la aceptan como una parte inevitable de la vida. Esta aceptación impulsa una reacción psicofisiológica automática, por la cual el cuerpo se relaja y la mente está más serena.

Por lo visto, nuestro miedo a la pérdida casi siempre es exagerado. Epicteto, un filósofo griego que vivió poco después de la época de Cristo, enseñó a sus discípulos que «el hombre no se preocupa tanto por los problemas reales como por sus fantasías sobre la ansiedad que pueden generarle los problemas reales». ¿Cuántas veces te has sentido inquieto por la posibilidad de que algo no saliera bien y al final las cosas no resultaron tan mal como habías imaginado? Esto sucede con frecuencia, y la visualización negativa nos permite centrarnos en la pérdida real que reduce o elimina por completo el miedo a lo desconocido. Cuanto más alto construyes tu soñado castillo en el aire, más dura es la caída. Los estoicos te instarían a vivir más cerca de la realidad aquí abajo en la tierra. Sin embargo, según mi opinión, no hay nada de malo en tener la cabeza en las nubes si tus pies están firmemente plantados sobre la tierra. Y el hecho es que hay una forma de lograrlo, una forma de tenerlo todo a la vez.

En este momento podrías preguntarme: «¿En qué se diferencian el enfoque negativo que neutraliza lo positivo de las personas que piensan negativamente y el enfoque positivo que neutraliza lo negativo de las personas que piensan positivamente? (¡Vaya! Intenta repetir eso diez veces a gran velocidad). En todo caso, hay una distinción sutil pero extremadamente importante para todos aquellos que están a la búsqueda de la felicidad. Las personas que piensan en positivo desean sustituir la negatividad por la positividad, lo que constituye una negación absoluta de la realidad. Por su parte, los visualizadores negativos se esfuerzan por reconocer la realidad de que existe tanto la negatividad como la positividad. Comprender esto nos libera de tener que luchar por alcanzar la felicidad y nos produce una gran satisfacción interna. Es evidente que los que piensan en negativo procuran encontrar ese estado de calma que subyace a ambos mundos y los conecta. Y eso los sitúa un poco más cerca de obtener la felicidad que los sujetos que aplican la técnica de pensar en positivo pero que todavía no han llegado a sentirla.

Todos buscamos lo mismo.

Lo que voy a contarte ahora es un pequeño secreto. Los estoicos y otros defensores de la visualización negativa, los que están a favor de pensar en positivo y de otras prácticas motivacionales, así como también aquellos cuyas mentes están atiborradas de lo mundano, lo grandioso o incluso lo mágico, todos buscan lo mismo. La filosofía estoica incluye el terreno neutral de la paz, pero reflexionar sobre ella no es lo mismo que experimentarla. Las construcciones matemáticas teóricas de la física cuántica han descubierto esta fuente de energía y materia, pero una fórmula matemática es tan solo una representación de la realidad. A David Bohm, un teórico de la mecánica cuántica al que Einstein se refería como su hijo intelectual, le gustaba decir que «el mapa no es el territorio». Entonces, ¿cuál es el territorio? ¿Qué respuesta nos brindaría la experiencia directa de ese estado fundamental, de esa fuente de toda energía y materia?

Existe una percepción que puede conducirte de inmediato a la experiencia de la felicidad. Y lo bueno es que de ninguna manera necesitas dedicarte intencionadamente a crear un pensamiento positivo ni tomar conciencia de las posibilidades negativas. Se trata tan solo de una percepción, de un modo de mirar las cosas. Tú ya sabes ver y escuchar, ¿verdad? Bien, entonces tienes todo lo que necesitas para practicar esta técnica. (Y este sistema será igual de eficaz aunque seas ciego o sordo). Por medio de un procedimiento científico simple de tres pasos, puedes experimentar literalmente dicha percepción en pocos segundos. Y como para hacerlo no recurres a la mente emocional ni racional, sino a tus sentidos, no te quedas enfrascado en lo que debería o no debería ser, en lo que es correcto o incorrecto. Sencillamente, experimentas de un modo único lo que hay, y sientes de inmediato que tu cuerpo está profundamente relajado y tu mente en paz. Cuando llegas a percibir de este modo, surge la felicidad. Pero antes de que nos ocupemos de ese tema, quiero hacerte una pregunta de sentido común que se escucha con frecuencia: «Si pensar en positivo no funciona, ¿por qué es una técnica tan popular?».

CAPÍTULO 12

SI PENSAR EN POSITIVO NO FUNCIONA, ¿POR QUÉ ES UNA TÉCNICA TAN POPULAR?

Esa es una buena pregunta, ¿verdad? Si la técnica de pensar en positivo no funciona, ¿por qué hay tanta gente que cree fervientemente en ella? ¿Qué ocurre con esa promesa garantizada de obtener ganancias materiales a través de la mística ley de la atracción que nos empuja a seguir intentándolo haciendo caso omiso del sentido común? ¿Por qué pensamos, más allá de toda duda razonable, que somos capaces de conseguir todo lo que deseamos por el mero hecho de estar firmemente convencidos de que eso es posible? Como ya hemos mencionado, la verificación científica requiere que sea posible medir lo que se está sometiendo a prueba y que el resultado sea reproducible. Si piensas en ello, verás que las técnicas motivacionales están respaldadas por la ciencia, pero tan solo en el aspecto negativo. Por ejemplo, la ineficacia de la ley de la atracción puede medirse por la ausencia de resultados. Cualquier otra persona que utilice los mismos datos (reproducibles) y realice nuevas mediciones (que también puedan ser reproducidas), obtendrá los mismos resultados. Conclusión: se ha demostrado que los métodos motivacionales no funcionan.

Las emociones son pasajeras.

Entonces, ¿cuál es la clave de la popularidad de las técnicas motivacionales? ¡La emoción! Las técnicas motivacionales cambian tu manera de sentir. Consiguen que te encuentres mejor, al menos durante un rato, y te dan esperanza. Aunque aquí nos topamos con un problema. Las emociones son pasajeras. No pueden ser duraderas, no pueden resistir el paso del tiempo. Al cabo de uno o dos días, esas emociones que te impulsan a actuar comienzan a evaporarse llevándose consigo tu motivación. ¿Acaso no lo has experimentado? Esas deliciosas emociones rápidamente comienzan a desaparecer igual que la bruma en una mañana soleada. A pesar de tu deseo, tu llama interior comienza a apagarse y, como un yonqui emocional, empiezas a necesitar otra dosis. ¿Pero cómo puedes conseguirla? Todavía faltan algunas semanas para que se celebre el próximo taller, y antes hay que tomar un vuelo para cruzar el país, reservar alojamiento y comida, y pedir permiso para ausentarte unos días del trabajo... Cuando esas motivadoras emociones se desvanecen, dejan un espacio vacante y tú experimentas una sensación de estar perdido, de soledad o de incertidumbre. Comienzas a sentirte intranquilo y la duda se filtra sigilosamente entre tus pensamientos.

Las técnicas motivacionales confunden la «sensación» de éxito con el éxito real. El factor de motivación principal no es la acción, sino la emoción. En algunas ocasiones, esto puede resultar útil durante breves períodos de tiempo, pero, por lo general, la técnica de pensar positivamente, la ley de la atracción y los demás procedimientos motivacionales no hacen más que empeorar las cosas. Se basan en lo que los psicólogos denominan «motivación extrínseca».

Vamos a dedicar unos minutos a examinar más de cerca la motivación. Dicho en pocas palabras, la motivación se refiere a lo que te impulsa o a tus razones para hacer algo. Existen dos tipos básicos de motivación: extrínseca e intrínseca. La motivación extrínseca se refiere a las conductas que proceden de fuentes externas. Pensar en positivo es un ejemplo de motivación extrínseca porque lo haces a condición de recibir una recompensa o para obtener un resultado en concreto. En el caso de la práctica de pensar en positivo se trata de eliminar esa sensación de insatisfacción que se instala en tu mente cuando sientes que te falta algo que necesitas.

La motivación intrínseca revitaliza y estimula.

La motivación intrínseca recibe su estímulo de las recompensas internas. Cuando estás intrínsecamente motivado, te pones en acción para hacer cosas que te dan placer. Son actividades que realizas porque te entretienen, te hacen disfrutar y te inspiran. La motivación intrínseca te revitaliza y estimula en lugar de consumir tu energía. Si tu trabajo tuviera una motivación intrínseca, disfrutarías de él independientemente de que te pagaran o no por realizarlo. La motivación intrínseca es la propia recompensa. Cuando haces algo que te gusta de verdad, no necesitas tener ninguna motivación extrínseca, ¿no es cierto? Simplemente te dejas llevar por un entusiasmo e interés que surgen de forma espontánea y natural. Disfrutas de lo que tienes y de lo que eres. ¿No es así? Te sientes sanamente orgulloso de tus logros y tu autoestima se dispara. Esto es normal y saludable, y además es la base de la felicidad. O, para decirlo con más precisión, la felicidad se inspira en la motivación intrínseca.

Cuando esa agilidad y energía interiores comienzan a mermar, algo que le sucede a todo el mundo, nos sentimos frustrados e incluso podemos llegar a sufrir una depresión. Algunas veces nos parece imposible ser capaces de seguir adelante, hagamos lo que hagamos. Para algunos de nosotros, esto puede persistir durante un largo período durante el cual nuestra autoestima se resiente drásticamente. Esta situación es un terreno fértil para que los maestros motivacionales manipulen nuestros sentimientos.

Por el contrario, cuando nuestra estima es sólida, nos sentimos internamente satisfechos e intrínsecamente motivados. En esos momentos somos generosos y afectivos, la energía mejora y nuestro estado de ánimo es positivo y alegre. En el mundo todo está bien. Pero cuando nuestra autoestima comienza a flaquear, empezamos a sentir que nos falta algo vital y nos sentimos impulsados a recuperarlo. Es una necesidad muy intensa, un empuje fundamental para tener una existencia sana. Hay que destacar que lo que explotan los métodos motivacionales es precisamente este impulso acuciante que nace de la insatisfacción interna.

La autoestima refleja cómo evalúas emocional, subjetiva y globalmente tus propios méritos. Es un juicio sobre tu propia valía y, a la vez, una actitud. Si tu autoestima funciona de una manera sana, no tienes que mirarte en el espejo para decirte lo maravilloso que eres. ¿No crees? Si te sientes satisfecho de ti mismo, puedes percibir tu propia grandeza, rectitud y corrección en cada una de las fibras de tu ser. Y no es difícil lograrlo. No necesitas dedicarte de forma intencionada a pensar en positivo porque tu mente ya está llena de pensamientos positivos.

Si te sientes satisfecho contigo mismo, percibes tu propia grandeza.

Cuando comenzamos a encontrar resistencias en nuestra vida, cuando no alcanzamos nuestros propósitos o, tal vez lo más importante, cuando seguimos encontrándonos insatisfechos a pesar de haber alcanzado nuestras metas, nos sentimos decepcionados de nosotros mismos y nuestra autoestima es cada vez menor. Los científicos han descubierto que las personas con baja autoestima corren el riesgo de sufrir una depresión.

Cada vez hay más estudios de investigación que se ocupan del trauma psicológico que pueden originar las afirmaciones y la intención de pensar en positivo. Sí, has leído bien, he dicho «trauma psicológico». Los investigadores advierten que la baja autoestima puede agravarse si se practican estas técnicas motivacionales.

La Dra. Joanne Wood, investigadora canadiense de la Universidad de Waterloo, y sus colegas de la Universidad de New Brunswick han publicado recientemente una investigación en el *Journal of Psychological Science* con las siguientes conclusiones: «Repetir autoafirmaciones positivas puede beneficiar a determinadas personas, como los individuos con una autoestima alta, sin embargo es posible que resulte contraproducente para quienes más las necesitan». Wood afirma también que la mayoría de los libros de autoayuda que defienden las afirmaciones positivas pueden surgir de las buenas intenciones o de la experiencia personal, pero rara vez se basan en las evidencias científicas.

Otros investigadores plantean que las autoafirmaciones excesivamente positivas pueden crear conflictos cuando contradicen de forma directa la percepción que tenemos de nosotros mismos. Si una persona con una autoestima baja se dice a sí misma que se acepta por completo, que está motivada y que tiene éxito, además de engañarse a sí misma, también está reforzando su percepción de ser incompetente. Si un individuo que no se quiere a sí mismo intenta convencerse de que merece ser amado, es prácticamente imposible que pueda llegar a creerlo. Las dudas comienzan a invadir su mente en cuanto la confianza en sí mismo se desploma, y el efecto es que su percepción negativa resulta fortalecida. Cuanto más se empeña en «crear» una imagen potente de sí mismo, más intensa es su sensación de no ser digno de triunfar.

Todo esto resulta irónico y desafortunado. Los individuos con una autoestima alta no necesitan poner en marcha los motores de la motivación extrínseca y, sin embargo, las personas con una baja autoestima no hacen más que empeorar la situación aplicando esa técnica motivacional, independientemente de que su intención sea buena y positiva.

Hemos comenzado este capítulo con la pregunta: «Si pensar en positivo no funciona, ¿por qué es una técnica tan popular?». La respuesta más simple es que ofrece esperanza y libera de los tormentos individuales. Para los que se sienten confundidos, frustrados o extenuados, la promesa de una salvación libre de cargas es irresistible. La cuestión es que no es necesario que estés profundamente deprimido para que te seduzca la perspectiva que te ofrece la práctica de pensar en positivo. Personas de todos los niveles sociales y con diversos grados de insatisfacción, aunque sea leve, consideran que la posibilidad de pensar en positivo transforma en un oasis lo que de otra manera sería una tierra estéril. La idea de que el oasis podría ser un espejismo no tiene muchas posibilidades de germinar en este escenario. El concepto y el proceso de pensar en positivo son simples y fáciles de comprender. La idea de pensar positivamente es de una inocencia infantil, una especie de magia que todos hemos disfrutado antes de que la edad de la razón nos robara nuestras fantasías.

Sí, es posible tenerlo todo.

Así es. Al parecer, *sí* es posible tenerlo todo. Analizaremos un proceso que no requiere esfuerzos ni creencias, que funciona maravillosamente bien para todos y que no depende de que tu autoestima sea alta o baja. Pero antes de hacerlo, me gustaría abordar un tema que a ninguno de nosotros nos gusta demasiado. Por lo general, se considera algo negativo, y justo ese es en esencia el punto de vista de muchos mentores y *coaches* motivacionales. Me gustaría introducir aquí un punto de vista diferente que, gracias a una simple comprensión y a un cambio de perspectiva que no requieren esfuerzo alguno, puedo garantizarte que reducirá tu ansiedad y reforzará tu autoestima. ¿Y cuál es ese tema negativo que en realidad es positivo y que todo el mundo conoce tan íntimamente? El fracaso, por supuesto.

Capítulo 13

EL FRACASO GENERA ÉXITO

**Todos queremos triunfar,
pero todos fracasamos.**

Todos queremos triunfar, pero todos fracasamos. ¿Conoces a alguien a quien no le ocurra esto? A nadie, ¿verdad? A lo largo de su vida, cualquier persona de negocios triunfadora, estrella de cine o deportista de élite han cosechado más fracasos que éxitos. No queremos lanzar ninguna bomba, pero esto es una realidad y nos sucede a todos.

Por lo tanto, mi pregunta es la siguiente: «¿Qué hay de malo en fracasar?». El fracaso en sí mismo es un hecho real y forma parte de la vida. El problema no es fracasar, el problema es de qué manera interpretamos el fracaso. Seguramente recordarás que en capítulos anteriores afirmamos que un mismo suceso o situación puede ser considerado como algo negativo por una persona mientras que otra lo valora de forma positiva. He aquí un ejemplo perfecto. Nuestra autoestima resulta afectada de forma negativa cuando juzgamos el fracaso como algo malo y pensamos que se debe a nuestras propias carencias. En cambio, si consideramos que el fracaso forma parte de la vida cotidiana —aunque, por cierto, una parte bastante incómoda—, podemos impedir que nuestra autoestima descienda en picado hasta llegar a la autocompasión.

Quiero que sepas que no te estoy ofreciendo una excusa para fracasar ni un billete gratis para no pasar a la acción. Sin duda alguna, la mayoría de las veces el triunfo se impone al fracaso. No obstante, si vas a fracasar, al menos hazlo con estilo, acepta la frustración y sigue adelante con tu autoestima intacta.

> **El movimiento que defiende la práctica de pensar en positivo está construido sobre la negación del fracaso.**

El movimiento que defiende la práctica de pensar en positivo está construido sobre la negación del fracaso como una opción viable para alcanzar la felicidad. Sus defensores sostienen que el fracaso es negativo y que la negatividad debe ser evitada a toda costa. Es como si por el mero hecho de ignorar el fracaso fuera posible eliminarlo. Hace un tiempo tuve la ocasión de conversar con uno de los pilares de dicho movimiento. Cuando ella me preguntó cómo estaban yendo las ventas de mi último libro, le respondí que habían descendido drásticamente después de las vacaciones. Entonces ella recalcó con amabilidad lo que yo acababa de decir con la intención de corregir mi forma de pensar. «Querido —dijo—, lo que ha producido la caída de las ventas de tu libro es tu negatividad. Te aconsejo que afirmes con convicción que te mereces el éxito y que visualices a miles de personas comprando tu libro». Me sonrió con complicidad y así quedó zanjado el tema. Ella había asumido equivocadamente que yo estaba contrariado porque las ventas habían disminuido, cuando en realidad no era así. Aunque es verdad que el descenso de las ventas no era un motivo de celebración, yo había aceptado la situación con total naturalidad. Sabía que eso es lo que pasa con las ventas de libros, con todos los libros y en todo momento. Yo le había hablado de una realidad y ella me había ofrecido una ilusión como respuesta.

La creencia de que se puede eliminar el fracaso ha sido la causa de grandes sufrimientos. El problema es que eso no es posible y, por otra parte, ni siquiera deberíamos intentarlo. El fracaso es una parte natural, integral y necesaria de la vida. Sí, has leído bien, *¡necesaria!* Considéralo del siguiente modo: no todo esfuerzo puede dar como resultado un triunfo. Cada vez que alcanzas un objetivo, todo lo que has dejado atrás es menos exitoso que lo que has conseguido, ¿no es verdad? «Más» solamente significa algo cuando lo relacionas con «menos»; «mejor» tiene sentido cuando lo asocias con «peor». Para cosechar más éxitos, antes tienes que haber experimentado menos éxitos. Todos progresamos gracias a los fracasos.

La idea de mejor o peor es una invención humana. En la naturaleza no existe nada que sea mejor ni peor. La Madre Naturaleza parece saber muy bien cómo manejar las cosas, ¿no crees? Hermosos mares azules, bosques verdes, majestuosas cadenas montañosas, climas increíbles y una amplia variedad de formas de vida que son parte de un todo armonioso. La naturaleza ha desarrollado una ecología muy ingeniosa y equilibrada. Pero en relación al fracaso, la naturaleza está literalmente a millones de años por delante de todo lo demás. A lo largo de los siglos, ha sobrevivido menos del uno por ciento de todos los millones y millones de especies engendradas por la naturaleza. Los dinosaurios desaparecieron dejando lugar a los mamíferos y, finalmente, a la humanidad. Todas las especies humanas, excepto la nuestra, se han extinguido. No existe ninguna garantía de que no seguiremos el mismo camino de los neandertales. Si así fuera, la Madre Naturaleza pondría otra marca en la columna de fracasos y seguiría creando sucesores cada vez más desarrollados.

Al parecer, nuestra autoestima desinflada ha creado una imagen «sobreinflada» de nuestro lugar en el mundo. Es evidente que somos más complicados que una ameba, pero no necesariamente más exitosos. Mi sensación es que sería muy beneficioso para nuestra calidad de vida pinchar el ego para liberar parte de la importancia que nos damos a nosotros mismos. Deshinchar el ego y volver a situarlo en el reino de la realidad no es una tarea factible mientras sigamos fomentando las fantasías de grandeza. Somos una maravilla de la creación tal y como somos. No hay ninguna necesidad de pretender ser los amos del universo y abrirnos paso a codazos hacia la cima de la humanidad. No es necesario dominar el arte de imaginar que todos nuestros deseos pueden materializarse mediante una simple intención y por la intervención de ondas mentales magnéticas. Somos mucho menos que eso y a la vez, mucho, mucho más.

Es imposible que seamos felices por el mero hecho de alcanzar nuestras metas.

He aquí un tema que creo que te resultará interesante. Cumplir un objetivo no reporta satisfacción ni potencia nuestra autoestima. Alcanzar una meta nos hace sentir a gusto pero, como todos sabemos, esa agradable sensación comienza a desaparecer prácticamente de inmediato. En cuanto conseguimos un objetivo, nos fijamos otro que debe ser más difícil de alcanzar porque de lo contrario no nos sentiremos tan satisfechos de nosotros mismos, ¿no es verdad? Cuando nos centramos en una meta con el propósito de alcanzar la felicidad y aumentar nuestra autoestima, no hacemos otra cosa que subir por una pendiente resbaladiza. ¡Te ruego que ahora prestes atención! Podemos llegar a pasarlo mal si no comprendemos íntegramente el tema que viene a continuación. ¿Estás preparado? Es imposible que seamos felices por el mero hecho de alcanzar nuestras metas, aun cuando consigamos todas las que nos proponemos. Hasta que llegué a entenderlo, me sorprendía que muchas personas que habían triunfado como deportistas, magos de las finanzas, artistas, científicos y otros personajes similares tuvieran vidas insatisfactorias y desdichadas. Solía pensar: «Si yo tuviera el dinero que ellos tienen (o su habilidad atlética, popularidad, inteligencia, poder, etc.), sería mucho más feliz de lo que soy». Ahora veo que tenía unas cuantas cosas que aprender. Muchos siguen confiando en que todo es posible si trabajas duro y estás suficientemente convencido de lo que quieres. Están tan empeñados en centrarse en sus objetivos que cuando al final llegan a esa elevada cima y echan un vistazo a su alrededor, descubren que están completamente solos. Una mirada al pasado les revela varios sucesos que jalonan el camino: sus matrimonios fracasados, sus amistades destruidas, su salud mermada y las oportunidades perdidas. Esas personas han comprado la ilusión de que el fracaso no es una opción y que alcanzar sus objetivos puede brindarles una felicidad duradera.

¿Qué tiene que ver todo esto con el entrenamiento y las técnicas motivacionales? Las técnicas motivacionales, sin excepción, están orientadas hacia un objetivo. Si tú basas tu felicidad en el hecho de alcanzar una meta, entonces la felicidad no durará más que un parpadeo. Tal vez ya hayas vivido esa experiencia. Estás a punto de conseguir un objetivo largamente anhelado y piensas que cuando lo logres podrás relajarte y descansar un poco. Sin embargo, lo que en realidad sucede es que en cuanto lo consigues, ya estás pensando en el siguiente objetivo. Es como si supieras instintivamente que la felicidad orientada a los objetivos no es más que una sombra de la realidad. Ni siquiera eres capaz de alegrarte por lo que has conseguido, porque ya estás pensando en la siguiente meta, que tampoco disfrutarás. De este modo, actuar con la intención de lograr objetivos es una adicción. Y como en cualquier otra adicción, el «chute emocional» que nos brinda el hecho de alcanzar un objetivo tiene que ser cada vez mayor y mejor.

CAPÍTULO 14

LOS MAESTROS NOS MOTIVAN

Ahora tenemos un problema. La motivación extrínseca nos empuja hacia un punto en el cual los rendimientos son decrecientes. Nuestras metas, cuando las alcanzamos, no nos brindan la satisfacción que esperábamos y la felicidad se resiente. Inevitablemente llegamos a pensar que para conseguir éxito necesitamos estar motivados y que para ser felices es necesario tener éxito. Comenzamos a depender de ese «subidón» emocional y luego nos convertimos en adictos a ese estado. Nos relacionamos con personas parecidas a nosotros y escuchamos a maestros inspiradores. Entonces comienza a desarrollarse una especie de histeria en la que tú me motivas a mí y yo te motivo a ti. Si nuestra motivación intrínseca flaquea, buscamos en el exterior algo o alguien que nos inspire. Cuando nos encontramos en esa situación, somos vulnerables a las influencias exteriores, a las personas y a las ideas que prometen impulsar nuestro entusiasmo y que nos ofrecen lo que por lo general terminan siendo visiones poco realistas del éxito.

Ya hemos hablado de las investigaciones que demuestran que el hecho de no obtener recompensas extrínsecas reduce la motivación intrínseca. Esto nos hace sentir desdichados. La infelicidad es muy incómoda y hace que sintamos la imperiosa necesidad de eliminar esa incomodidad. Esta no es una decisión que tomamos de forma consciente. Todos los seres vivos se apartan del dolor para acercarse al placer. Seguramente lo has experimentado alguna vez, ¿no es verdad? Es nuestro mecanismo de supervivencia para la felicidad, y eso no se puede negar.

El mejor médico eres tú mismo.

Con los conocimientos que tienes ahora, ¿no crees que es importante determinar en qué depositas tu confianza? Cuando trabajaba con mis pacientes en mi consulta de quiropráctico, siempre les decía: «El mejor médico eres tú mismo». Y voy a utilizar una buena analogía para explicar lo que quiero decir. Si estás enfermo y no puedes curarte solo, buscas un médico para que te ayude y depositas tu confianza en él. Pero si no consigue ayudarte con tu problema, ¿sigues solicitando sus consejos? Si decides consultar a otro profesional y la nueva doctora te prescribe el mismo tratamiento, ¿seguirías acudiendo a su consulta? Por supuesto que no, eso sería ridículo. ¿Quién tendría la palabra final sobre tu salud? Evidentemente, tú, ¿verdad? La función del médico es ayudarte, pero quien debe hacerse cargo de la situación eres tú. Lo mismo puede aplicarse a tu salud psicológica. No puedes saltar de una técnica a otra ni de un maestro a otro. Cada fracaso no hace más que agravar tu confusión y tu frustración, además de atentar contra tu capacidad de ser feliz.

Cuando te miras en el espejo y te dices que eres una persona extrovertida y triunfadora pero la práctica no produce ningún cambio positivo, a pesar de tu diligente dedicación y lealtad, empiezas a sentirte cada vez más decepcionado, ¿no es así? Si te miras en un espejo diferente y te dices lo mismo, ¿crees que podrías obtener distintos resultados? Hay un dicho popular que todo el mundo conoce, pero que pocos aplican en su propia vida: «Es una locura hacer siempre lo mismo y esperar resultados diferentes». Tú sabes interiormente que la afirmación no está funcionando, sin embargo te dices a ti mismo: «Tal vez no lo hice bien. Quizás necesito más tiempo. Acaso tenga que buscar otro maestro. Podría ser que...». La investigación ha demostrado que al final puedes llegar a pensar: «Es probable que no me lo merezca». La ley de la atracción, las afirmaciones, pensar en positivo y confiar en el poder de la creencia fracasan una y otra vez, no obstante seguimos aplicando esas técnicas ineficaces con la esperanza de que funcionen. Aunque no se trate de una locura en estado avanzado, esta actitud ha demostrado ser muy poco saludable.

La droga de los maestros motivacionales es la promesa de la felicidad.

Los métodos motivacionales nos hacen sentir bien de forma pasajera, aunque no resuelven el problema de la felicidad. Si volvemos a recurrir a la analogía del médico, sería lo mismo que cuando él te receta un fármaco que te hace sentir bien durante un tiempo, pero que no resulta eficaz para tratar la enfermedad. Tú sigues tomando ese fármaco que «te hace sentir bien», y crees que te encuentras bien mientras la droga está en tu organismo, pero eso es una ilusión. Cuando el efecto de la droga pasa, necesitas una nueva dosis que sea mayor que la anterior. La droga de los maestros motivacionales es la promesa de la felicidad.

Pero ¿cómo consiguen seguir proporcionándonos esa droga? ¿Cómo mantienen viva la promesa de felicidad si en realidad no nos están dando lo que necesitamos?

Déjame decirte una vez más que la mayoría de los maestros motivacionales son personas solidarias y honestas, dispuestas a ofrecer su ayuda y apoyo. Se preocupan por el bienestar de sus discípulos, incluso en muchas ocasiones más que por su propia supervivencia. Como ves, maestro y discípulo están atrapados en la misma red de las necesidades inferiores. Ambos están a la búsqueda de la misma sustancia interna, como el resto de nosotros. En nuestra calidad de discípulos, no podemos concebir que sea así, porque los maestros motivacionales afirman que son personas felices y triunfadoras, que sus familias se sienten dichosas y que, de hecho, la vida es como una brisa apacible. Tal como sucede con los actores, atletas, artistas, millonarios y demás, en cuanto miras entre bambalinas, descubres que ellos están enganchados en la condición humana con tanta profundidad como lo estás tú. Por otra parte, el hecho de que ellos tengan que trabajar muy duro para mantener la ilusión de satisfacción crea una discordancia todavía mayor en su vida. Más allá de tu ignorancia, tu inocencia o cualquier otra cosa, el mejor médico eres tú. Y la mejor medicina que tienes en la mochila es el conocimiento. A continuación presento algunas de las muchas técnicas a las que recurren los líderes motivacionales para ejercer influencia sobre nuestra manera de pensar. Estoy convencido de que lo encontrarás muy esclarecedor.

El pensamiento mágico

A los líderes motivacionales les encanta el pensamiento mágico porque todos queremos creer en la magia. Intenta recordar cuando eras niño y tenías toda la libertad del mundo para fantasear. ¿Acaso no era maravilloso? Habitabas en un mundo que te pertenecía por completo y en el que podías volar, hablar con los animales o hacerte invisible. ¿Recuerdas lo libre que te sentías? ¡Y qué divertido era! Pero estabas obligado a crecer. ¡Qué lástima! Ahora tienes preocupaciones laborales, familiares, problemas de salud y todas esas cosas que erradican la magia de nuestras vidas.

Muchos maestros metafísicos son culpables de la enseñanza pseudocientífica.

¡Cómo nos gustaría sentir ese inocente júbilo otra vez! Hay personas que podrían convencernos de que han encontrado la clave para que en el mundo de los adultos exista la magia. Por lo general, se utiliza una jerga pseudocientífica para añadirle un halo de credibilidad. Muchos maestros metafísicos son culpables de esa enseñanza falsamente científica. La ley de la atracción es un ejemplo excelente. No obstante, esas enseñanzas no consiguen ajustarse a los criterios científicos que establecen que los resultados deben ser medibles y reproducibles. Eso significa que tienen una alta posibilidad de ser improbables lo que, como bien sabes, a su vez se traduce en pocas expectativas de ser feliz.

Las personas que creen en estos métodos anhelan tan profundamente que la enseñanza se convierta en realidad que quedan atrapadas en su propia subjetividad. Recuerdo que cuando era joven ansiaba con tanta intensidad poder ver el aura de las personas que realmente llegué a verla, o al menos creí haberla visto. Pero cuando comparaba mis experiencias con las de cualquier maestro, advertía que no se acercaban ni por asomo. Yo era uno de los cuatro alumnos que asistían a esa clase. Puedo decir que nunca conseguimos que nuestras observaciones coincidieran con las de nuestros compañeros de clase ni con las del profesor. Desafortunadamente, lo mismo ha sucedido con muchas de las filosofías y técnicas esotéricas que he practicado a lo largo de mi vida.

No pretendo decir que no exista el aura ni tampoco que los estudios esotéricos carezcan de contenido, aunque para ser plenamente sincero, debo decir que no creo en ello. Sostengo que se debería estudiar ese campo en todos sus aspectos, pero ese estudio tiene que ser meticuloso y preciso. Las ideas mal concebidas y sin perfilar pronunciadas por perezosos e indolentes pseudocientíficos y adeptos autoproclamados solo pueden perjudicar los esfuerzos que se han dedicado a descubrir cuál podría ser la siguiente gran frontera de la evolución humana.

Mi opinión es que esa sensación de asombro y magia que lo esotérico suscita en nosotros también puede ser utilizada para manipularnos. Independientemente de que la intención de los maestros motivacionales sea benévola o maliciosa, el hecho es que al manipular nuestras emociones tienen el poder de controlar nuestra conducta. Hay muchos líderes carismáticos e inspiradores en el reino del esoterismo, no te dejes dominar por maestros de artes ocultas necesitados o de escasos recursos. Pueden actuar a la manera de los «santos» y predicar que el dinero y todo lo material deben ser rechazados por no ser espirituales. En su caso, el dinero que reciben por su trabajo está más dirigido a engordar su ego que su cuenta bancaria.

Por otra parte, cuando te inicies en un nuevo sistema esotérico, te sugiero que pienses en un objetivo que deseas alcanzar y que establezcas un límite de tiempo para conseguirlo. Lo más frecuente es que se necesiten varios años, e incluso toda la vida, para dominar las enseñanzas de los maestros esotéricos. Eso puede estar muy bien para desarrollar una habilidad, pero no tienes por qué esperar tanto si tu meta es alcanzar la felicidad. He llegado a descubrir que la verdadera magia existe y que para dominarla no se necesita más de un minuto.

Tocando la fibra sensible

Las emociones motivan. Las personas que tienen la intención de persuadirte para que pienses igual que ellas saben que ya lo han conseguido cuando tus emociones se ponen de su lado. Sin duda, las emociones anulan la lógica.

Esa es la razón por la cual un esquema tan inconsistente e ilógico como la ley de la atracción puede llegar a arraigar. Primero suscita emociones, revitalizando la alegre sensación de asombro y admiración que cada uno de nosotros hemos enterrado en nuestro interior. Resucita la sensación de libertad y misterio que teníamos cuando éramos niños. Un instructor motivacional hábil es capaz de percibirlo y utilizarlo luego para obtener grandes beneficios. La ley de la atracción te hace sentir que eres alguien especial y que tienes el apoyo ilimitado del universo. Si produces pensamientos «atractivos», tendrás la capacidad de atraer todo lo que la creación puede ofrecerte. Te obliga a creer que al obtener todo aquello que deseas, conseguirás satisfacer por fin tus necesidades más profundas y tu persistente sensación subconsciente de estar incompleto se calmará definitivamente. Pero ese experto consejero motivacional todavía no ha terminado contigo. El paso siguiente será añadir un ingenioso ingrediente a la mezcla: la lógica.

Las emociones anulan la lógica.

Las emociones no son duraderas, la lógica sí lo es. ¿Recuerdas la analogía del tren y la vía que utilicé en uno de los capítulos anteriores? Las emociones son el tren y la vía es la lógica. Los instructores motivacionales necesitan espolvorear una cantidad suficiente de lógica para mantener tus emociones encarriladas. ¿Entiendes lo que quiero decir? La ley de la atracción incluye la energía universal de «lo semejante atrae a lo semejante», y su explicación de cómo funcionan las cosas es «piensa en ello y será tuyo». No tiene ninguna importancia si esta descripción es verdadera o no. En su búsqueda del sentido, tu mente aceptará prácticamente cualquier imagen del éxito.

Una vez que se ha señalado el camino, llega el momento de alimentar el fuego emocional. ¿Cuál es la forma más simple y que nunca falla de incitar emociones mientras crece nuestra confianza en la técnica y en el maestro? Respuesta: contarnos una historia de éxitos que sea reconfortante y conmovedora. Suele ser muy eficaz añadir una historia maravillosa de un alma sufriente con muy mala suerte y llena de deudas que, siguiendo unas instrucciones muy simples, obtuvo resultados milagrosos. Este tipo de historias son notablemente inspiradoras. Nosotros pensamos: «Si esa persona lo consiguió, yo también podría hacerlo». Y antes de que nos demos cuenta, nuestras emociones alcanzan un punto culminante y salimos zumbando en pos de lo que deseamos con todo el corazón y que, según creemos, está a tan solo un latido de distancia.

Es una sensación maravillosa percibir que nuestras emociones nos estimulan y nos impulsan hacia la promesa de las grandes recompensas. Algunos dicen que es la mejor sensación del mundo o incluso de lo que existe más allá de él. Sentimos que estamos volando con los ángeles. Desafortunadamente, para todos nosotros las emociones por sí solas son una promesa vacía de lo que ha de venir. Sin el apoyo de la sustancia, es decir, la estructura que hay más allá de la emoción, pronto nos vemos caer en picado hacia la tierra para aterrizar sobre las orillas rocosas de la realidad.

El mejor consejo que puedo ofrecerte es que esperes a que pase el tsunami emocional y después compruebes qué es lo que ha quedado en pie. Tienes que darle una oportunidad a tu sentido común para que respire un poco, mire a su alrededor y compruebe cuidadosamente el nivel del agua. Actuar por impulso, en especial cuando tus emociones están en su punto culminante, puede llevarte por un camino en el que desaprovecharás tu posesión más preciada, el tiempo.

Mentiras

Las mentiras tienen su valor. Las verdades, las medias verdades, las mentiras y las historias embellecidas forman parte del arte de la motivación. Tenemos una cultura muy rica en cuentos de hadas, en relatos fantásticos como los de Paul Bunyan y Pecos Bill, en historias de terror que se cuentan en torno a una hoguera, y en las exageraciones y adornos que acompañan los cotilleos compartidos en la oficina a la hora del café. Como receptores de estas historias, albergamos la esperanza de que sean menos verídicas de lo que parecen. Forman parte del entretenimiento y, si los neurocientíficos están en lo cierto, son una necesidad de la condición humana. A todos nos gusta escuchar una buena historia.

Sin embargo, las mentiras también pueden ser devastadoras. Dividen a las personas destruyendo la intimidad, la confianza e incluso la vida misma. Las mentiras pueden ser compartidas por pura diversión pero también para protegernos; por ejemplo, cuando un padre o una madre mienten a un hijo para salvaguardar su seguridad psicológica. Además, pueden ser hirientes y ser pronunciadas tan solo en beneficio propio. Por desgracia, estas últimas se practican en todos los niveles de nuestra cultura. Algunas profesiones incluso animan a mentir, y hasta son especialistas en hacerlo. El actual partido político en el poder en los Estados Unidos ha decidido cambiar el nombre de las mentiras y denominarlas «circunstancias alternativas». Un recurso inteligente, pero no por eso menos dañino. Independientemente de cómo la disfraces, una mentira es una mentira. En efecto, ¡una mentira!

Que una persona tenga éxito no significa que sepa de lo que habla.

¡No dejes que te deslumbren! ¿Qué quiero decir con esto? El hecho de que una persona sea billonaria, un deportista profesional alcance la cima de su carrera, un actor o actriz haya ganado un Óscar, o alguien llegue a ser famoso por cualquier otra razón, no significa que sepa de lo que habla. Te sorprendería conocer la vida desestructurada y decadente que tienen algunas de las personas a las que admiramos y tomamos como modelos. De hecho, es muy común que aquellos que se sienten atraídos por la fama y la notoriedad creen una imagen de sí mismos de poder personal, paz o compasión mientras detrás del escenario, su vida es un verdadero desastre. Disfruta de la energía y el entusiasmo de nuestros líderes y maestros, pero no permitas que su carisma personal te anule.

Como ya he mencionado, no creo que la mayoría de los maestros motivacionales mientan de forma consciente a sus discípulos. Es probable que lo que les haga sentir más culpables sea el hecho de no investigar lo suficiente y no poner a prueba su método. Tal vez no se sientan responsables de mentir conscientemente, pero sí de hacer la vista gorda a lo que es evidente. En otras palabras, si analizaran la eficacia real de su método, podrían descubrir que no es eficaz o, al menos, que no funciona como ellos piensan. Entonces, ¿qué es lo que harían? Ya hemos visto que incluso los mejores maestros no son capaces de reproducir su propio éxito de un modo consistente, y a pesar de ello siguen enseñando lo mismo. Debemos preguntarnos: «¿Por qué? ¿Qué es lo que obtienen con esa ilusión?»

**Tu mejor protección
es el tiempo y el conocimiento.**

Si los maestros motivacionales son conscientes o no de las carencias de su procedimiento, ese es su problema. Si se están mintiendo a sí mismos, también están mintiendo a sus seguidores. Si transmiten prácticas que pueden ser dañinas para los discípulos, esa es su responsabilidad. La de los discípulos es protegerse a sí mismos lo máximo posible. Y la mejor protección es el tiempo y el conocimiento. En ese sentido es donde tengo la esperanza de estar ayudándote. Por otra parte, me gustaría que analizaras mis enseñanzas de la misma forma que lo harías con todas las demás. Considéralo de este modo: puedes compartir con tus maestros todo lo que aprendes. Si ellos son honestos y abiertos, escucharán lo que tengas que decirles. Después de todo, un buen maestro es en primer lugar y sobre todas las cosas un buen discípulo.

¡La sanación procede de la felicidad!

El Sistema Kinslow, que pronto te presentaré, no se puede incluir en la categoría de la motivación extrínseca orientada a los objetivos, pues es un método que puede ser verificado de forma objetiva. Por ejemplo, si examináramos análisis clínicos objetivamente, constataríamos de inmediato que la aplicación del Sistema Kinslow produce cambios positivos en la presión sanguínea, el rendimiento cardíaco, el pulso, la respiración, el contenido de azúcar en sangre y la respuesta galvánica de la piel. Por otra parte, también encontraríamos una mayor sincronía de las ondas cerebrales. Contamos con información clínica proporcionada por médicos, fisiólogos, psicólogos y naturópatas, entre otros, que indica que la sanación se incrementa cuando se aplica este sencillo sistema. Y lo más emocionante es que... ¡la sanación procede de la felicidad! La felicidad es sanadora. Pero eso tú ya lo sabes; lo que yo te mostraré a continuación es cómo puedes alcanzarla.

CAPÍTULO 15

EL SISTEMA KINSLOW

Yo utilizo algunas de estas técnicas cuando quiero animar a otros a descubrir el Sistema Kinslow. Sin embargo, nunca se me ocurriría mentir de forma deliberada y, por otro lado, en todo momento me ocupo de investigar si mis afirmaciones son exactas. Lo único que pretendo es que estés lo suficientemente motivado como para probar el procedimiento por ti mismo. Es un método diferente y muy valioso, y no quiero que te pierdas esta oportunidad de alcanzar la felicidad intrínseca interior. Pese a todo, de ninguna manera quiero que lo hagas a ciegas. Utiliza lo que has aprendido en la primera parte de este libro y aplícalo a lo que presentamos a continuación.

**El Sistema Kinslow
es un método científico eficaz.**

Yo creo con firmeza en el Sistema Kinslow, pero lo que yo crea no es importante. El Sistema Kinslow es un método científico eficaz independientemente de que tú y yo creamos en él. Espero que midas mi trabajo con el mismo rasero que yo he utilizado para medir el de otros. No puedo negar que estoy haciendo un esfuerzo por motivarte en tu propio beneficio y también en el mío, puesto que, después de todo, el hecho de que un alma más sea feliz hace que la vida sea más fácil para todos.

Una vez que lo hayas conseguido, ¡ya lo tienes! En cuanto aprendas el Sistema Kinslow ya no me necesitarás. Serás autosuficiente y capaz de perpetuar tu propia felicidad sin asistir a más seminarios, leer más libros o entrenarte. Como es evidente, estaré a tu disposición si me necesitas, pero estoy empeñado en lograr que no dependas de nadie más que de ti mismo para alcanzar tu propia felicidad. Tú y yo sabemos que no puede ser de otra manera.

> **El Sistema Kinslow resuelve los problemas creados por la ley de la atracción y la práctica de pensar en positivo.**

El Sistema Kinslow resuelve los problemas creados por la ley de la atracción y la práctica de pensar en positivo. El método responde las preguntas básicas cuyas respuestas todo ser humano debe conocer con el fin de conquistar la felicidad: «¿Quién soy?» y «¿Cuál es mi propósito en la vida?». Pero no las responde por medio de una filosofía complicada, sino a través de la experiencia directa, y lo hace de una forma rápida y positiva. Como ser humano, tienes todo lo que necesitas para ser feliz. Como ser humano, tienes todo lo que necesitas para aplicar el Sistema Kinslow.

CAPÍTULO 16

¿QUÉ ES LA FELICIDAD?

Definir la felicidad es como desinflar un globo lleno de agua. Se desliza entre tus dedos justo en el momento en que crees que lo tienes firmemente agarrado. Cuando intentas definir la felicidad, lo máximo que puedes esperar es una nube borrosa de emociones ambiguas. Puedes definirla de una forma aproximada, pero sus términos exactos siguen siendo un misterio, igual que los de una partícula subatómica. Comprenderás lo que quiero decir leyendo las siguientes definiciones de la *felicidad*.

- *Merriam Webster*: «Un estado de bienestar o satisfacción».
- *Oxford Dictionary*: «Sensación o muestra de placer o satisfacción».

- Wikipedia: «Un estado de bienestar mental o emocional definido a través de emociones positivas o placenteras que abarcan desde la satisfacción hasta la alegría intensa».
- Frank: «Para nuestros objetivos, la felicidad puede ser un concepto clave, una cesta en la que colocamos cualquiera de todas las emociones positivas que conocemos: amor, paz, alegría, compasión, admiración, empatía, entusiasmo, éxtasis, unidad, jocosidad, deleite, goce, orgullo sano, satisfacción, etc. Todas ellas, individual o colectivamente, conforman la felicidad. La felicidad puede ser efímera y ser expresada con entusiasmo y alegría, o puede manifestarse como una satisfacción serena y duradera.

Todas las definiciones de la felicidad nos dicen que es positiva. Aunque los psicólogos han estudiado el tema durante décadas y en los últimos años lo han analizado más profundamente, todavía no han conseguido definir con exactitud qué es la felicidad.

Hay quien dice que nacemos con un «punto predeterminado» para la felicidad que está designado genéticamente. Si ese valor está en torno al 50 %, hagamos lo que hagamos, no tendremos la capacidad de mantener la felicidad durante un período de tiempo que exceda ese 50 %. Otras teorías sobre la felicidad combinan la genética con las influencias medioambientales, y algunas incluyen la actividad deliberada, como puede ser desarrollar una actitud positiva o practicar la gratitud. Sabemos que existen sobradas evidencias que desmienten la validez de las técnicas orientadas a desarrollar una actitud positiva, como es el caso de los enfoques dirigidos a pensar en positivo.

Por lo tanto, ¿a dónde nos lleva realmente todo esto? ¿Estamos condenados a los vaivenes mal definidos y contradictorios de la investigación sobre la felicidad? No lo creo. Me gustaría dedicar unos momentos a esbozar un sistema para alcanzar la felicidad basado en el sentido común que es fácil de comprobar. En primer lugar, necesitamos tener una idea más ajustada de lo que es la felicidad. Vamos a comenzar con Abraham Maslow.

CAPÍTULO 17

¿PUEDES SER UN TRASCENDEDOR?

Maslow investigó lo que significa ser plenamente humano.

Abraham Maslow fue uno de los psicólogos más influyentes del siglo xx. Adquirió notabilidad en la década de los años cuarenta y continuó publicando sus valiosos descubrimientos hasta su prematura muerte en 1970. Fue el padre del movimiento de la psicología humanista y uno de los fundadores de la psicología transpersonal, que estudia lo que significa ser plenamente humano. Maslow es más conocido por haber establecido una jerarquía de necesidades que revelan el paradigma del desarrollo humano, lo que cada uno de nosotros puede conseguir en última instancia.

Basándose en esta investigación, demostró que podemos superar las necesidades básicas de supervivencia para tener una vida llena de alegría y satisfacción. ¿Entiendes de qué se trata? ¡La jerarquía de Maslow es una guía para la felicidad! Es un mapa de carreteras, y nuestro destino es la felicidad plena que todos somos capaces de alcanzar.

En su artículo «Redescubriendo la última versión de la jerarquía de las necesidades de Maslow: La autotrascendencia y las oportunidades para la teoría, la investigación y la unificación», Mark E. Koltko-Rivera, del Departamento de Psicología Aplicada de la Universidad de Nueva York, miembro de la Asociación Psicológica Americana y un escritor prolífico, descubrió que poco antes de morir Maslow había añadido una última categoría que era la piedra fundamental de su pirámide: los *trascendedores*. En este libro he incluido la categoría de los trascendedores porque no la encontrarás en la mayoría de los libros de psicología y, lo que es más importante, porque el hecho de que Maslow la haya añadido respalda plenamente mis propias observaciones y enseñanzas. Por si no conoces el trabajo de Maslow, o por si tu memoria está un poco oxidada, vamos a recordar de forma breve la jerarquía de las necesidades.

JERARQUÍA DE LAS NECESIDADES DE MASLOW
(Ordenadas desde las necesidades inferiores hasta las superiores)

Fisiológicas

Supervivencia
- El objetivo es satisfacer las necesidades básicas de la vida.
- La respiración, la comida, el agua, el sexo, el sueño, la homeostasis, las funciones de excreción.

Seguridad
- El objetivo es el orden y las normas comunes.
- El trabajo, la estabilidad, los recursos, la moralidad, la salud, la propiedad.

Psicológicas

Pertenencia/amor
- El objetivo es la asociación y el apoyo grupal
- La amistad, la familia, la intimidad sexual.

Estima/reconocimiento
- El objetivo es el autorreconocimiento y la realización personal.
- La autoestima, la confianza, la consecución de logros, el respeto por los demás, el respeto de los demás.

Autoconocimiento

Autorrealización

- El objetivo es el cumplimiento del potencial personal.
- La moralidad, la creatividad, la espontaneidad, la resolución de problemas, la falta de prejuicios, la aceptación de los hechos.

Altruistas

Trascendencia

- El objetivo es la satisfacción que excede lo personal.
- La preocupación por los demás, ayudar a otros a alcanzar su potencial.

Por una simple cuestión de conveniencia, me referiré a las necesidades de supervivencia, seguridad, pertenencia y estima como necesidades inferiores. Consideraré que la autorrealización y la trascendencia son necesidades superiores.

Cuando consigues satisfacer alguna de tus necesidades, sientes un cierto grado de felicidad. En un sentido muy general, se podría decir que cuanto más alto sea el nivel de las necesidades que satisfaces en la escala de jerarquía, más duradera será tu felicidad. Voy a explicarte qué es lo que pretendo decir. Pongamos por ejemplo que un oso está persiguiéndote y tú consigues escapar y ponerte a buen recaudo. Este escenario satisface el primer nivel de las necesidades fisiológicas de supervivencia, y puede hacer que te sientas absolutamente eufórico. Sin embargo, esa euforia tiene vida corta (especialmente si el oso regresa). En contraste, si consigues la promoción a la que aspirabas desde hace años —lo que corresponde al cuarto nivel de la necesidad psicológica de la estima—, es probable que sientas menos euforia pero más satisfacción. Dicha satisfacción puede prolongarse durante meses o incluso años. Hablando en términos generales, cuanto más alto es el nivel de la escala en el que se encuentra la necesidad satisfecha, más intensa y más efímera es la felicidad. Esta observación solo funciona cuando se aplica de la forma más amplia posible; no obstante, el mero hecho de reconocerla nos ayudará a definir la felicidad en términos más prácticos. Vamos a descubrir qué es lo que quiero decir.

El impulso primario para la felicidad es el mismo para todo el mundo.

La felicidad puede medirse de tres formas: por su intensidad, tipo (necesidades inferiores y superiores; por ejemplo, el alivio, la satisfacción, el orgullo, la alegría, el entusiasmo y otras) y duración. No estoy especialmente interesado por la intensidad ni por el tipo de felicidad. Lo que más me interesa es su duración. La felicidad interna nos deja la sensación de querer un poco más, ¿no es verdad? Aunque pueda parecer extraño, el deseo de ser feliz eclipsa a la misma felicidad. Un equipo de psicólogos, entre los que se encontraban Iris Mauss, de la Universidad de Denver, y Maya Tamir, del Departamento de Psicología de la Universidad Hebrea de Jerusalén, realizaron varios estudios diferentes que demostraron que los adultos con un mayor anhelo de ser felices son también los que se sienten más solos, los que están más deprimidos y los menos decididos. Este tipo de personas también tiene menos emociones positivas, niveles inferiores de progesterona y una menor inteligencia emocional. Mauss y Tamir concluyeron que esa mayor sensación de soledad se debía a que la búsqueda de la felicidad es un propósito egoísta, es decir, la búsqueda de una felicidad extrínseca cuyo objetivo es sentirse a gusto y generar una sensación de felicidad, en realidad, no existe.

Es probable que tengas predilección por alguna expresión particular de la felicidad. Sin embargo, esa preferencia es exclusivamente tuya. Como veremos luego, el impulso primario por conquistar la felicidad es igual para todos. Cuando se abre camino en nuestra mente y comenzamos a ser conscientes de él, la felicidad se individualiza. Esto es algo muy parecido a lo que sucede cuando la luz blanca se descompone en los colores del arco iris al pasar a través de un prisma. A ti te puede gustar el verde, mientras que tu amigo o amiga prefiere el amarillo. Durante un paseo por el bosque, Joe puede percibir la felicidad que experimenta como una sensación de paz, y Jane, como una admiración reverencial. Para nuestro propósito, medir la duración en vez de la intensidad o el tipo de felicidad nos permite trabajar en un terreno común en el que desarrollar nuestra comprensión de la felicidad.

Ese es el punto de partida para aquellos que miden el tipo de felicidad que experimentamos o la intensidad con que la sentimos. Dichas limitaciones corresponden más a las necesidades inferiores o a los sistemas específicos que intentan producir resultados exactos. La mayoría de las técnicas de meditación caen dentro de esta última categoría cuando su meta es obtener un resultado determinado, como pueden ser la sensación de paz o la relajación. El Sistema Kinslow no busca una manifestación específica de la felicidad ni se interesa por su intensidad.

El Sistema Kinslow te muestra quién eres, hacia dónde te diriges y cómo puedes llegar hasta allí.

Y para nuestro propósito, nos vale cualquier felicidad. «¿Y cuál es ese propósito?», preguntas. El Sistema Kinslow te muestra, en el sentido más profundo, quién eres, hacia dónde te diriges y cómo puedes llegar hasta allí. El Sistema Kinslow mejora tu potencial personal (autorrealización) y luego te brinda la oportunidad y la alegría de ayudar a los demás a desarrollar su propio potencial personal (trascendencia). Como podrás comprobar, el Sistema Kinslow contribuye a que puedas disfrutar de la trascendencia de una forma más duradera y estable. Maslow acuñó un término específico para designar a todos los individuos que viven en ese nivel superior de satisfacción de las necesidades; los denominó «trascendedores».

¿Y qué significa todo esto para ti? A continuación expongo algunas cualidades de los trascendedores a las que puedes aspirar:

- Los trascendedores son personas encantadoras y respetadas. Los demás piensan de ellos: «Es una gran persona».
- Son personas innovadoras que descubren nuevos modos de mejorar su vida y la vida de los demás.
- Pueden reconocer fácilmente lo que está mal y ofrecer soluciones prácticas y viables.
- Nunca se aburren. Ellos encuentran el misterio y la alegría al ver las gotas de lluvia que se deslizan

por el cristal de la ventana, al escuchar los sonidos de satisfacción que emite un recién nacido o al observar los movimientos de una oruga.

- Los trascendedores comprenden la «maldad». Pueden luchar con firmeza contra los actos indebidos y, al mismo tiempo, sentir compasión por ellos.
- A los trascendedores les resulta fácil trascender su ego. Tienen identidades fuertes, se trata de personas que saben quiénes son, hacia dónde se dirigen y qué es lo que quieren.
- Los trascendedores se sienten felices allí donde están y son optimistas con respecto al futuro.
- Experimentan el amor incondicional y sin conflictos, la aceptación y la expresión del afecto en lugar de la mezcla más usual de amor-odio que se hace pasar por «amor», amistad, sexualidad o poder.
- Los trascendedores buscan activamente trabajos que se ajusten a su verdadera naturaleza. Se identifican con su trabajo y juegan con él. Cobran por hacer lo que más les gusta, lo que harían como un *hobby*, porque hacer su trabajo les resulta intrínsecamente gratificante.
- De alguna manera parecen reconocerse entre ellos. Son capaces de comprenderse y establecer una relación íntima nada más conocerse.

- Los trascendedores perciben lo sagrado en lo pro-fano. Son más sensibles a la belleza y están más ca-pacitados para ser profundamente espirituales, sea en un sentido teísta o no teísta.

CAPÍTULO 18

EL NO-TRASCENDEDOR

En capítulos anteriores nos hemos ocupado de la motivación intrínseca y extrínseca. En su libro *El hombre autorrealizado: Hacia una psicología del ser* (Editorial Kairós), Maslow define la motivación en términos de necesidades. Las necesidades inferiores, desde la supervivencia hasta la estima, son motivadas extrínsecamente. Maslow se refiere a ellas como cognición de deficiencia o «cognición D». A las necesidades superiores de autorrealización y trascendencia, las cuales son motivadas de manera intrínseca, las denominó cognición del ser o «cognición B». Pero no tenemos ninguna necesidad de enredarnos con estos términos. Para nosotros es muy simple. Lo único importante es saber que la motivación de un no-trascendedor con necesidades inferiores está basada en una sensación de pérdida, mientras que la de un trascendedor con necesidades superiores se basa en la armonía y la sensación de plenitud. Maslow nos ha dado la vara de medir que necesitamos pa ra evaluar nuestra conducta. Armados con esa vara que nos permite medir la jerarquía podemos calcular nuestro progreso a lo largo del camino que nos lleva a ser plenamente humanos.

> **Los no-trascendedores no consiguen deshacerse de una sensación de pérdida constante.**

Vamos a detenernos un momento para analizar la vida de los no-trascendedores. Un no-trascendedor no consigue deshacerse de una sensación de pérdida constante, como si en su vida faltara algo que no es capaz de describir pero que es vital. Esa situación se ha convertido en algo tan familiar para él que rara vez toma conciencia de esa sensación de pérdida, de modo que esta permanece oculta en lo más profundo de su mente. El no-trascendedor habita en los dominios de las necesidades inferiores y es movido a la acción por la deficiencia. Pero la necesidad de liberarse de esa constante sensación de incomodidad está siempre presente, guiando insidiosamente todos sus pensamientos, palabras y acciones. Cuando llega a ser consciente del «vacío», se siente todavía más molesto. Al encontrarse en esa situación, puede intentar silenciarla a través de una adicción al trabajo, a la bebida, a la comida o las drogas, o pasando horas mirando televisión o navegando por la red. Pero también puede sucumbir al abatimiento de una depresión.

Cuando el no-trascendedor es consciente de esta sensación de vacío, puede sentir soledad o carecer de un objetivo o dirección. Los adornos y oropeles de su vida exterior dejan de producirle fascinación y se pregunta: «¿Esto es todo lo que la vida me ofrece?». ¿Has tenido alguna vez esa sensación? ¿Te has hecho alguna vez esa pregunta?

Los trascendedores tienen «pocos deseos».

Aunque esta sensación de malestar puede llegar a ser bastante angustiante, la experiencia en realidad puede ser muy positiva. Has llegado a una encrucijada. Tienes que tomar una decisión. Seguramente muchas veces te has encontrado en esa disyuntiva pero no te has percatado de su importancia, ni tampoco de las opciones que te ofrece. En esos momentos, puedes sentir lástima de ti mismo y pensar que ya es hora de salir adelante por tus propios medios. La alternativa natural es «hacer» algo diferente. Quizás podrías cambiar de trabajo, volver a estudiar, practicar ejercicio o empezar esa nueva dieta que hace tiempo estás postergando. Como ves, se trata de un esfuerzo extrínseco para resolver un problema intrínseco.

Añadir más cosas a tu vida —más dinero, más amigos, más músculos o más fibra— es la misma «no-solución» que has estado practicando durante décadas. Si hasta el momento no te ha funcionado, ¿qué te hace pensar que esta vez será diferente? El gran filósofo estoico griego Epicteto decía al respecto: «La riqueza no consiste en tener grandes posesiones, sino en tener pocos deseos». Epicteto utiliza la vara de medir de Maslow para calcular la riqueza. Los trascendedores tienen «pocos deseos» y no aspiran a tener más posesiones de las que necesitan. Esa minúscula voz interior que está preguntando: «¿Esto es todo lo que la vida me ofrece?» tiene la esperanza de que consideres tu segunda opción, esa otra encrucijada que te lleva hacia el camino de tener y desear cada vez menos, la encrucijada que te guía hacia la felicidad que aporta la trascendencia.

Capítulo 19

TRES NIVELES DE FELICIDAD

Te contaré una pequeña historia que te ayudará a comprender la diferencia que hay entre un trascendedor y un no-trascendedor en lo que se refiere a la motivación.

La historia trata de dos hombres que eran íntimos amigos desde la escuela primaria. Ambos tenían alrededor de treinta y cinco años, desempeñaban trabajos diferentes y vivían en distintas ciudades. El no-trascendedor trabajaba en una gran ciudad y era un asesor financiero de alto nivel. El trascendedor era profesor de música en un pueblo pequeño y acogedor.

Una vez al año, se reunían para consolidar su amistad compartiendo su actividad preferida: caminar por el bosque. Antes de llegar hasta el sendero del bosque, tenían que andar unos pocos kilómetros por una carretera asfaltada, de manera que iban calzados con zapatillas deportivas hasta que llegaban a su ruta favorita y allí se las cambiaban por las botas de senderismo.

En aquella ocasión habían caminado un buen trecho adentrándose profundamente en el bosque, charlando y disfrutando de su mutua compañía cuando el trascendedor divisó al fondo del sendero un oso pardo de tamaño descomunal que comenzaba a correr en dirección a ellos.

El trascendedor cogió a su amigo no-trascendedor por el hombro y exclamó con excitación: «¡Mira! Un oso pardo viene hacia nosotros. ¡Corre!». Y acto seguido salió corriendo en dirección opuesta al oso.

El no-trascendedor se sentó despreocupado sobre una roca y comenzó a quitarse las botas para volver a calzarse las zapatillas de deporte. El trascendedor volvió sobre sus pasos, cogió la mochila de su amigo y comenzó a tirar de su camisa para que se pusiera de pie y escapara del tren de carga peludo y de dientes enormes que se les venía encima. Sin embargo, el no-trascendedor siguió poniéndose las deportivas prácticamente sin inmutarse.

El frenético trascendedor gritaba: «El oso está muy cerca. No tenemos muchas oportunidades, pero de cualquier modo tenemos que intentarlo». Y siguió tirando de su amigo, implorándole que corriera.

El no-trascendedor miró plácidamente a los ojos de su amigo de toda la vida y le dijo: «No tengo que correr más rápido que ese oso pardo. ¡Solo tengo que correr más rápido que tú!».

Suena duro, lo sé, pero al mismo tiempo resulta curioso. De cualquier modo, el ejemplo pone de manifiesto que los trascendedores y los no-trascendedores viven en mundos diferentes y tienen distintos credos, incluso cuando parecen estar compenetrados por completo. O, por decirlo de otro modo, los no-trascendedores no tienen conciencia de un determinado tipo de felicidad. En realidad, lo verdaderamente importante de la felicidad no es de qué tipo sea, lo importante es su calidad. La felicidad tiene tres niveles de calidad: pura, refinada y común. La felicidad común es la que experimentan los no-trascendedores y que resulta de satisfacer las necesidades inferiores. La felicidad común es una felicidad esperada. Es extrínseca. Depende de circunstancias y objetos, como pueden ser el dinero, los regalos y el control de los demás, pero también el reconocimiento por los logros personales, la aceptación por parte de un grupo, etc. La felicidad común es la zanahoria que los oradores motivacionales ponen frente a nuestra nariz para incitarnos.

La felicidad refinada se basa en el hecho de tener conciencia de uno mismo.

La felicidad refinada se basa en el hecho de tener conciencia de uno mismo. A estos episodios Maslow los llamaba «experiencias cumbre». Son instantes de éxtasis o amor incondicional, y también de profundas revelaciones sobre la naturaleza de los momentos en que nos sentimos más vivos y autosuficientes, y experimentamos una admiración reverencial por el orden y la belleza que hay en nuestro mundo. La felicidad refinada surge de forma espontánea y sin necesidad de buscarla. Puedes experimentarla cuando tienes en tus brazos a un bebé recién nacido, cuando miras la oscura profundidad de un cielo lleno de estrellas, o simplemente cuando sientes la suavidad de una piedra en la palma de tu mano. Los no-trascendedores pueden tener una experiencia de felicidad refinada solo de forma ocasional, mientras que las personas que son conscientes de sí mismas suelen sentirla con más frecuencia.

La felicidad pura es sutil y sublime.

La felicidad pura es sutil y sublime. Es refinada hasta el punto de que apenas puede ser observada. De los tres niveles de felicidad, la felicidad pura es la más abstracta. Todo el mundo puede experimentar la felicidad pura en cualquier momento, aunque, debido a su delicada naturaleza, es ignorada por los no-trascendedores y también por muchos individuos que son conscientes de sí mismos.

Su poder de permanencia reside en la naturaleza serena de la felicidad pura. La felicidad de un trascendedor es sutil y duradera. Siempre sucede en segundo plano y, por así decirlo, mira por encima de su hombro para ayudarlo a tomar decisiones que le sirvan para afirmarse en la vida. El trascendedor está desbordado de plenitud y el aspecto más importante de su existencia es que es capaz de compartirla con los demás. Los trascendedores gravitan de forma natural en torno a conductas que nutren y enriquecen el mundo que los rodea. Como todos nosotros, tienen talentos y preferencias individuales. Sin embargo, ellos encuentran la forma de expresar esos talentos en beneficio de todos, a diferencia de la mayoría de nosotros. Cuando el mitólogo americano Joseph Campbell nos dijo: «Persigue la dicha», los trascendedores lo escucharon. Y eso es precisamente lo que vamos a hacer.

CAPÍTULO 20

VISIÓN REALISTA

No quiero que pienses que lo que estamos buscando es una vida llena de arroyos que murmuran y amplias praderas, y caminar sobre pétalos de rosa diseminados por la adulación de las masas que se consideran afortunadas por el mero hecho de haber posado su mirada en nuestra perfección. Vista desde fuera, la vida de un trascendedor es muy semejante a la de un no-trascendedor. Puedo garantizarte que experimentarás una serena alegría interior y más entusiasmo y energía, y que el aburrimiento será eliminado de tu vida y reemplazado por una plácida sensación de admiración reverencial. En general, podrás comprobar que tu calidad de vida se enriquece.

No dejarás de ser quién eres, pero serás un reflejo más perfecto de ti mismo.

Aun así, seguirás siendo humano. No dejarás de ser quién eres, pero serás un reflejo más perfecto de ti mismo. En cuanto hayas apartado de tu camino gran parte de la basura, te sentirás libre para «perseguir tu dicha», para hacer lo que estás llamado a hacer y para ser lo que estás destinado a ser. En este universo hay un solo «tú», y todos nos beneficiaremos del reflejo inmaculado de ese «tú».

Podrás seguir enfadándote y sintiéndote frustrado. Podrás sentir una especie de tristeza cósmica porque las personas que quieres —y, de hecho, prácticamente el resto de la humanidad— no han conquistado su plenitud. Seguirás experimentando diferentes ciclos, pero a medida que el tiempo pase, descubrirás que a pesar de que hay muchos altibajos en tu vida, los momentos bajos son ahora mejores de lo que solían ser los altos. Los trascendedores no son superhombres. Solo son más humanos, plenamente humanos. Y no hay mayor alegría sobre la tierra que la de ser plenamente tú mismo.

Déjame recordarte que el movimiento motivacional, la ley de la atracción, la técnica de pensar en positivo, las afirmaciones y los demás procedimientos motivacionales se basan en la motivación extrínseca. ¡Al practicarlos nos entrenamos para consagrarnos exclusivamente a la tarea de gratificar nuestras necesidades inferiores! Estos métodos no nos ofrecen ningún incentivo práctico para buscar esa clase de felicidad que proviene de la autorrealización o la trascendencia. Hasta las mismas enseñanzas espirituales cuya meta es la conciencia superior pueden quedar atrapadas en un atolladero de técnicas destinadas a satisfacer las necesidades inferiores. Esto quiere decir que los que se encargan de enseñar las técnicas motivacionales necesitan discípulos que se sientan motivados por recompensas externas. Las mentes de las personas que experimentan una felicidad superior no suelen aceptar este tipo de técnicas. Los maestros motivacionales deberían estar contentos de saber que sus discípulos tienen ahora una opción que fortalece la felicidad superior y al mismo tiempo respalda sus iniciativas externas. Y, ¿sabes qué? Prepárate para lo que voy a decirte porque puede ser difícil de creer. ¡La conciencia de una felicidad refinada y pura es tan revitalizante que produce una sanación real y medible! En la siguiente sección vamos a hablar precisamente de eso.

CAPÍTULO 21

ABRIENDO LA PUERTA A LA FELICIDAD CON LA EUMOCIÓN

Cuando tomamos conciencia de la Eumoción, comenzamos a ser felices.

La Eumoción es el núcleo alrededor del cual gira la felicidad. Cuando somos conscientes de la Eumoción, comenzamos a ser felices. La Eumoción no es exactamente lo mismo que la felicidad. En realidad, es la causa de la felicidad. Recuerda que la felicidad se expresa de tres formas diferentes: común, refinada y pura. La felicidad común se experimenta cuando tus necesidades fisiológicas y psicológicas inferiores están satisfechas. La felicidad refinada y la felicidad pura solo pueden alcanzarse cuando se satisfacen las necesidades superiores del autoconocimiento y el altruismo. Llegados a este punto, no necesitamos ahondar más en las diferencias que hay entre la Eumoción refinada y pura. Dejaremos ese tema para otro momento. Con el propósito de explicar el tema de la manera más sencilla posible, nos limitaremos a utilizar la Eumoción para referirnos a dos tipos de felicidad: refinada y pura. Probablemente, la forma más clara y simple de exponerlo sea la siguiente: la Eumoción es la fuente de la felicidad superior.

Me gustaría hacer una sola consideración, aunque es muy importante. No queremos confundir las sensaciones generadas por las necesidades inferiores con aquellas que experimentamos gracias a la Eumoción. La alegría, el amor o la paz tienen el mismo nombre, tanto si experimentas una felicidad psicológica como una felicidad altruista. El amor psicológico que sientes al estar con tus familiares es diferente al amor altruista que experimentas cuando estás con ellos. La mejor manera de describir esa diferencia es afirmando que el amor psicológico —o la alegría, o la paz— es más disperso, produce más ruido mental y no es tan puro como su contraparte altruista. La felicidad fisiológica y la felicidad psicológica no reciben el apoyo de la Eumoción. La Eumoción genera calma, aclara los devaneos mentales y te permite disfrutar de las emociones y los sentimientos de una manera más enriquecedora y profunda. Tratar de diferenciar la Eumoción de las emociones comunes es como describir el placer de comer un plátano a alguien que no sabe qué es un plátano. Es imposible saberlo sin tener una experiencia previa, y cuando ya la has tenido no necesitas que te lo describan. Aunque es muy probable que ya conozcas la alegría que produce la Eumoción, en cuyo caso mis reflexiones servirán para reforzar tu experiencia. De todos modos, lo que el Sistema Kinslow te ofrece te dejará con la boca abierta.

Todos tenemos el potencial para ser trascendedores.

Todos somos capaces de experimentar la felicidad, algunos en mayor medida que otros. En general, cuanto más descendemos en la pirámide de las necesidades básicas de supervivencia, menor es la felicidad. Si estás luchando por sobrevivir, intentando poner a resguardo a tu familia porque se ha formado un tornado que puede devastar tu hogar, seguramente no estás sintiendo alegría ni compasión. Una vez que el tornado haya pasado y todos estén a salvo, tal vez te sientas eufórico por haber conseguido sobrevivir. Luego ascenderás por la pirámide de las necesidades hasta experimentar por fin una intensa alegría porque tú y tu familia estáis sanos y salvos. Si eres un trascendedor, tu felicidad seguirá refinándose hasta que te hayas instalado en una felicidad confortable y generalizada, con el convencimiento de que tu mundo es perfecto tal como es. Los trascendedores son más felices que los no-trascendedores. Coincido con Maslow en que todos tenemos el potencial para ser trascendedores y fomentar nuestra felicidad hasta su grado máximo. Si no creyera en esto, entonces no tendría nada que ofrecerte para reemplazar los sistemas extrínsecos de la felicidad. Vamos a examinar un poco más este concepto denominado «Eumoción» para saber qué significa y cómo funciona.

Los términos científicos acuñados a partir de la forma griega «eu» son «verdadero» y «genuino». «Eu» también se emplea comúnmente para decir «bien» o «bueno». Podemos aplicar cualquiera de las tres acepciones, pero yo me inclino por «verdadero». Por lo tanto, Eumoción significa literalmente «emoción verdadera». Ahora que hemos despejado este tema, ¿qué es una emoción verdadera o una Eumoción? Vamos a dividirla en dos partes. En primer lugar, la parte «verdadera» o «eu» de la Eumoción.

En nuestro mundo, lo que es verdadero para una persona, puede ser falso para otra. Nunca podemos basarnos realmente en lo que consideramos verdadero porque sabemos que cambiará con el paso del tiempo, ¿no es verdad? Todas las cosas son verdaderas solo durante un cierto período. Es probable que en una determinada etapa de tu vida, creyeras que debajo de tu cama vivía un monstruo. La primera vez que te enamoraste estabas convencido de que siempre seguirías sintiendo lo mismo. Sin embargo, en este momento tus sentimientos han cambiado y quizás el monstruo duerme ahora en tu cama. (Como es evidente, ¡estoy bromeando!). El trabajo que una vez te parecía perfecto ahora puede resultarte una tarea monótona e ingrata. El que antes era tu equipo de fútbol favorito se ha convertido en el contrincante. Todo se modifica con el paso del tiempo. Nada permanece igual. Isaac Newton enfatizaba este estado de fluidez después de descubrir la segunda ley de la termodinámica anunciando que la entropía era la muerte personificada de la permanencia. Por cierto, ¿he mencionado que este cambio constante o entropía se dirige siempre a la disolución, en otras palabras, a la muerte? Hay quienes han destacado que lo único constante es el cambio. Si todo está en permanente cambio, entonces nada puede ser duradero. Y, en última instancia, nada puede ser verdadero. Cuando por fin llegas a entender algo, ya ha cambiado. ¿Comprendes cuál es el dilema? Cualquier cosa que haya sido creada está en constante cambio y, por lo tanto, también lo está su realidad. Por este motivo es por lo que digo que nada es realmente verdadero. Debemos contentarnos con verdades relativas. Entonces, ¿cómo podemos decir que la Eumoción es una emoción «verdadera»?

Al parecer, existe un «campo» que es casi inmodificable. Fue descubierto por la física cuántica y está muy consolidado en esa disciplina. Se lo conoce como «vacío cuántico», aunque también es llamado «el vacío». Los físicos han afirmado que el vacío cuántico es la nada de lo que surge todo. Las partículas entran y salen continuamente de la existencia sobre el fondo de la nada, un campo de no-cambio. Es el asiento de la creación de todo lo que conocemos y de lo que desconocemos del universo. El vacío cuántico es el punto más cercano al no-cambio al que somos capaces de llegar y, considerando nuestros objetivos, podemos decir que es verdadero.

> **La Eumoción es análoga
> al vacío cuántico.**

La Eumoción es análoga al vacío cuántico. Es una paradoja perceptual que se encuentre en apariencia más allá del cambio y a la vez dentro de él. Es en lo que se asienta la creación de los seres humanos. El valor que esto tiene para ti es prácticamente algo muy parecido a un milagro. Si todo está en constante desintegración, como Newton se enorgullecía de señalar, entonces es vital que contemos con una protección para nuestra propia desaparición. Y eso es justo lo que hace la Eumoción. Cuando somos bombardeados sin parar por un mundo en perpetuo cambio, nos cansamos de luchar. La Eumoción nos ofrece un respiro, una pequeña tregua frente a la muerte, y digo esto aun a riesgo de que me tilden de taciturno o malhumorado. La Eumoción combate el cambio. Cuando nuestra conciencia se abre y acepta la Eumoción de una manera definitiva, no sucumbimos tan deprisa al deterioro y conseguimos mantenernos jóvenes durante más tiempo. La Eumoción nos revitaliza, nos rejuvenece y nos conduce a una especie de inmortalidad que trasciende la rutina diaria. Ser consciente de la Eumoción conlleva muchos beneficios saludables, algo que te resultará difícil aceptar hasta que realmente lo experimentes por ti mismo.

CAPÍTULO 22

¿QUÉ SON LAS EMOCIONES Y LOS SENTIMIENTOS?

La mayoría de las personas usan las palabras *emoción* y *sentimiento* indistintamente. Stefan Klein, uno de los escritores científicos más influyentes de Europa, nos dice que las emociones y los sentimientos no son lo mismo. En su libro *La Fórmula de la Felicidad* (Ediciones Urano), *best seller* internacional, Klein hace una diferenciación simple: «las emociones... son inconscientes; los sentimientos son conscientes». Como es lógico, podrían decirse muchas cosas más al respecto, pero esta es la definición que necesitamos para nuestro propósito.

Un sentimiento es una emoción que se torna consciente.

La palabra clave en esta definición es «consciente». Las emociones existen a un nivel subconsciente, es decir, por debajo del umbral de nuestra conciencia. Cuando somos conscientes de una emoción, podemos denominarla «sentimiento». Por lo tanto, un sentimiento es una emoción que se torna consciente. La Eumoción, al igual que su equivalente el vacío cuántico, es la fuente de nuestras emociones. Una emoción verdadera es una emoción pura, como pueden ser la paz, la admiración reverencial, el amor incondicional, la compasión, la gracia, la dicha, la unidad, la ternura, la euforia, la alegría, la bondad o la satisfacción. Todas ellas existen en un nivel más profundo del que corresponde a las necesidades. No requieren una razón para existir. Esa es su pureza. Son los elementos básicos no tergiversados de la condición humana. Siempre están más allá de nuestra conciencia a la espera de ser descubiertos.

La cuestión es la siguiente, y es tan importante que te aconsejo que apagues el televisor, dejes de comer patatas fritas por un rato o termines de cortarte las uñas de los dedos de los pies para prestarme toda tu atención. Si quieres que tu vida refleje entusiasmo, amor o inspiración, primero debes tomar conciencia de esas emociones. Debes *sentirlas*. No se reflejarán en tu conciencia si no las reconoces y, en consecuencia, no tendrán ningún valor explícito para ti. Para que esas sutiles emociones que tienen la capacidad de transformar la vida puedan reportarte beneficios, has de ser consciente de ellas. En otras palabras, dichas emociones deben convertirse en sentimientos; de lo contrario, te perderás la felicidad que pueden aportarte. Y cuando tomas conciencia de la Eumoción, lo que haces precisamente es conseguir que estas emociones subconscientes que dan valor a tu vida se hagan conscientes.

Eso no quiere decir que las emociones subconscientes no tengan ninguna consecuencia en tu comportamiento. No hay duda de que la tienen, y de una manera importante. Lo que intento decir es que dispones de una fuente de emociones positivas que no estás aprovechando y que, si eres consciente de ellas, producen un efecto inmediato y profundamente positivo en tu bienestar. Denominamos Eumoción a la fuente de esas emociones positivas.

Lo bueno es que en cuanto tomas conciencia de dichas emociones, en cuanto sientes amor, entusiasmo o confianza, ya no tienes que hacer nada más. En ese momento se convierten en una parte de ti mismo, o para decirlo con más exactitud, son tú mismo. Acabas de ser consciente de ellas y ya están ofreciéndote apoyo e inspiración. Trata de recordar una época de tu vida en la que te sentías inspirado o enamorado. ¿Tuviste que esforzarte para que esos sentimientos se hicieran realidad? ¿Tenías que decirte a ti mismo que ibas a ser cariñoso o que ibas a estar inspirado? ¡Por supuesto que no! Esos sentimientos simplemente se manifestaban por sí mismos. Es más, no podían esperar para expresarse. Y tú no podías retenerlos aunque lo intentaras.

> **Tomar conciencia de la Eumoción no significa «pensar» un pensamiento positivo.**

Es muy importante reconocer la diferencia entre tomar conciencia de la Eumoción y «pensar» un pensamiento positivo. Ya nos hemos ocupado de este tema, pero solo quiero asegurarme de que no vuelves a recaer en esa actitud mental destinada a pensar en positivo. Tomar conciencia de la Eumoción es ser consciente de lo que ya existe y forma parte de ti mismo. La práctica de pensar en positivo, la ley de la atracción y todos los métodos motivacionales intentan imponerte de un modo antinatural esos sentimientos positivos que tan solo pueden expresarse de forma espontánea y sin esfuerzo. Pensar en positivo consiste en producir un pensamiento, aunque lo más común es que se trate del recuerdo de un sentimiento que tiene efectos limitados y transitorios sobre la felicidad. Esto es lo que determina que las técnicas motivacionales requieran mucha concentración y trabajo. Es difícil tratar de conservar la ilusión de optimismo, de alegría o de confianza. A lo largo del camino, todo lo que realmente necesitabas era una forma de tomar conciencia de esas hermosas e inspiradoras emociones que habitan más allá de tu mente consciente. Lo único que te hacía falta durante todo el recorrido era ser consciente de la Eumoción.

Esa es la única diferencia que existe entre los trascendedores y los no-trascendedores, entre la lucha y la serenidad. Los no-trascendedores viven sus vidas de una manera extrínseca, buscando en el exterior los sentimientos que residen en el interior. Todos los seres vivos se alejan de forma natural del dolor para dirigirse hacia el placer, hacia lo positivo. Cuando los no-trascendedores no consiguen experimentar sentimientos positivos, se dirigen hacia el mundo exterior, que les ofrece placeres efímeros, en busca de alivio. Si no los encuentran, pueden intentar liberarse transitoriamente de la insatisfacción a través de conductas distorsionadas, como pueden ser: engañar, comportarse de manera agresiva, manipular a otras personas, consumir drogas, dedicarse al juego y a las apuestas, desarrollar una adicción al trabajo, etc. Dicho comportamiento es extrínseco y, por lo tanto, sea positivo o negativo, producirá una felicidad comparativamente breve. Los trascendedores poseen lo mejor de ambos mundos. Ellos pueden deleitarse con las expresiones transitorias de la felicidad común que les brinda el mundo exterior porque ya son interiormente felices.

¿Comprendes ahora cómo funciona todo? ¿Acaso no es maravillosamente simple? Comprendo que quizás estamos enfocando el tema desde una perspectiva diferente a la que podrías haber esperado, pero ¿acaso no es emocionante en sí mismo? También soy consciente de que en este capítulo hemos hablado de muchos temas diferentes y quizás puedas sentirte un poco abrumado. No pasa nada. No tienes ningún motivo para preocuparte porque voy a simplificar mucho más las cosas con el propósito de que puedas entenderlas. He expuesto la lógica que sustenta mis opiniones pensando sobre todo en las personas que suelen funcionar con la parte izquierda del cerebro, es decir, las que son analíticas y racionales, y necesitan que les demuestren las cosas y conocer todos los detalles: quién, qué, dónde, cuándo y por qué. Comprender el orden de las cosas es muy importante para ellas. Yo empatizo profundamente con este tipo de personas porque, de hecho, soy una de ellas.

La Eumoción nos ofrece la felicidad de los trascendedores.

Si quieres vivir más protegido del miedo y del dolor, tener éxito en tu trabajo y sentirte más cómodo en tu casa, compartir más intimidad con tu pareja y más amor con tu familia, y que los demás te consideren una persona solidaria y generosa, por ahora todo lo que necesitas saber es lo siguiente: La Eumoción nos ofrece la felicidad de los trascendedores. ¡Se trata exclusivamente de eso! Esto es lo mismo que dije antes pero, como ves, ahora lo he expuesto de una manera más simple. Todo lo que necesitamos es una forma de tomar conciencia de la Eumoción, ¿verdad? Por lo tanto, será mejor que no malgastemos el tiempo.

Capítulo 23

¿QUÉ ES LA CURACIÓN CUÁNTICA?

No permitas que ese nombre tan científico te amilane. La curación cuántica es el nombre utilizado para definir una forma simple de experimentar la Eumoción. A pesar de que es una técnica científica, no necesitas ser un científico para practicarla. El método básico de la curación cuántica tiene tres pasos simples, y eso es todo. ¡Te aseguro que te va a encantar! ¿Por qué? Pues porque con esta técnica no tienes que estudiar ni leer manuales, practicar largas horas, preparar afirmaciones, ni movilizar las fuerzas esotéricas ocultas del universo a tu voluntad; ni siquiera tienes que creer en ella. Casi todas las personas que practican la curación cuántica experimentan la Eumoción la primera vez. Eso se debe a que por el mero hecho de ser humano, tú ya tienes todo lo que necesitas para experimentarla y convertirte en un trascendedor. La Eumoción es el puente entre los trascendedores y los no-trascendedores, y la curación cuántica es el puente que nos conduce hacia ella. E incluso en el caso de que ya seas un trascendedor, la curación cuántica enriquecerá mucho más tu vida.

> **La curación cuántica es el nombre usado para definir una forma simple de experimentar la Eumoción.**

Recuerda que la Eumoción no es algo exterior que puedes obtener. En realidad, es una percepción, una revelación de lo que ya existe y está a la espera de ser reconocido. De ahora en adelante, nos referiremos a la curación cuántica sencillamente como CC para simplificar. La CC es tan sencilla y tan rápida que muchas personas ni siquiera se dan cuenta de que la han hecho hasta que ven los resultados, que son casi inmediatos. La verdad es que estoy impaciente por enseñarte cómo se practica. Es realmente extraordinario.

He enseñado la CC durante una década a personas de una amplia gama de edades, bagajes culturales y socioeconómicos, profesiones, estudios filosóficos y pedagógicos, orientaciones religiosas, e incluso a aquellas que asistieron a mis clases para demostrar que el método no era eficaz. Dicho de un modo simple, la CC funciona en todos los casos. La Eumoción es común a todos, y lo único que hace la CC es dirigir nuestra conciencia en la dirección correcta. Cuando por fin somos conscientes de las emociones puras y la Eumoción se asienta en nuestra conciencia, el resultado es la felicidad trascendente.

CAPÍTULO 24

EUMOCIÓN: EL PUENTE HACIA LA FELICIDAD

La Eumoción es el puente que nos lleva desde las necesidades inferiores hasta las superiores.

La técnica de la triangulación de la CC es el punto de partida para llegar a ser un trascendedor. Esta técnica se puede aprender en un período de tiempo muy breve y los resultados son prácticamente inmediatos. La Eumoción, que constituye la base fundamental para las personas autorrealizadas y los trascendedores, resulta difícil de experimentar para la mayoría de nosotros debido a su naturaleza abstracta. Maslow estimó que entre el 0,5 % y el 2 % de la población había vivido una experiencia cumbre, es decir, había experimentado la Eumoción. También podríamos decir que alrededor del 99 % de los que nos encontramos sobre la faz de la tierra no hemos asimilado la riqueza y la plenitud de conciencia que todos merecemos tener. La Eumoción es el puente que nos lleva desde las necesidades inferiores hasta las superiores. Cuando tomamos conciencia de la Eumoción, nuestras necesidades psicológicas son satisfechas al nivel más básico.

Si quieres saber qué es lo que se siente con la Eumoción, en lugar de enseñarte la CC, el mejor ejemplo que puedo darte es el siguiente. ¿Conoces ese sutil y delicioso estado en el que te sumerges poco después de haberte dormido? Ya sabes, ese estado en que tu mente está muy serena y parece flotar, y tú estás tan relajado que es como si tu cuerpo no existiera. Pues, ¡se trata precisamente de eso! Esta es la experiencia de la Eumoción. ¿Comprendes? La has experimentado de manera natural y sin ningún tipo de esfuerzo por tu parte. Esa la única forma en que puede sentirse la Eumoción, de modo natural y sin ninguna aspiración de experimentarla. Y precisamente por ese motivo la CC es tan eficaz. No implica ninguna intención ni esfuerzo.

Los intentos por «capturar» la Eumoción a través de las técnicas de meditación tradicionales han demostrado ser decepcionantes.

Los intentos por «capturar» la Eumoción a través de las técnicas de meditación tradicionales han demostrado ser decepcionantes o han supuesto un enorme esfuerzo. Dichas técnicas requieren mucha disciplina y tras varios años de práctica solamente unos pocos selectos seguidores se liberan de las «cadenas del karma» y logran ascender hacia la trascendencia. De la misma manera, a pesar de los apasionantes desarrollos en el campo de la psicología, la neuropsicología y otras disciplinas asociadas –incluso entre las corrientes que reconocen la autorrealización y luchan por ella–, pocos son los que han conseguido que la Eumoción sea una experiencia común y cotidiana como lo ha hecho el Sistema Kinslow.

Pero no quiero que te formes una idea equivocada. No estoy afirmando que el Sistema Kinslow sea preferible a otros sistemas. En absoluto. Lo que estoy diciendo es lo siguiente: debido a su aplicación simple y universal, toda persona que incorpore la técnica de la CC a cualquier sistema destinado a promover la salud y la felicidad podrá comprobar que sus esfuerzos son redoblados y potenciados. Nada resulta tan inspirador ni enriquecedor como experimentar de forma directa la Eumoción.

Capítulo 25

¿CÓMO ES UNA SESIÓN DE TRIANGULACIÓN DE LA CURACIÓN CUÁNTICA?

Déjame decirte una vez más que la técnica de la triangulación de la CC es el punto de partida para integrar la Eumoción en la vida cotidiana. Se trata de un proceso concreto de tres pasos que casi todo el mundo puede hacer. Después de practicarla durante un breve período de tiempo, estarás preparado para la CC avanzada. En vez de tener tres pasos, la CC avanzada tiene solamente uno. Es como retirar las ruedas pequeñas de una bicicleta cuando ya sabes montar. Ahora el mundo está a tus pies, es decir, siempre que sigas pedaleando.

Bien, vamos a dedicar unos minutos a conocer una típica sesión de triangulación de la CC. La sesión puede realizarse con o sin compañero, pero tradicionalmente se aprende en pareja y por ese motivo

voy a describir ese tipo de sesión. Cuando un trascendedor comienza su entrenamiento, suelo poner
el énfasis en la sanación por diversas razones, pero lo
más importante de este enfoque es que despierta la
conciencia de la Eumoción de una manera rápida y
profunda. Más adelante, la CC será algo tan natural
que solo tendrás que pensar en la Eumoción para
que se manifieste de inmediato, incluso en momentos puntuales.

La triangulación de la CC puede realizarse con o sin compañero.

Para empezar, tu compañero o compañera te dirá
el número que representa el nivel de gravedad de su
estado antes de realizar la prueba. La escala tiene un
rango de cero a diez, siendo diez el valor más negativo.
Por ejemplo, si tu compañero siente dolor en la parte
baja de la espalda, puedes pedirle que te muestre de
qué manera ese dolor restringe sus movimientos, y
además puedes utilizar la escala para medir el nivel de
dolor. Tal vez observes que cojea un poco al caminar y
que solo puede flexionar el cuerpo hacia delante unos
pocos grados. También es posible que notes la tensión
de sus músculos y el estrés reflejado en su rostro. Si
le preguntaras en qué punto de la escala situaría su

dolor, podría responderte que es bastante intenso y quizás le adjudicaría un nueve.

Si eres médico, o si sueles comprobar tu nivel de azúcar en sangre o tu tensión arterial, puedes medirlas antes y después de realizar una sesión de CC. Así podrás verificar objetivamente y de forma inmediata que la conciencia de la Eumoción despierta por sí misma una respuesta de sanación. Otros parámetros que pueden medirse son el ritmo del pulso, la respiración, el rendimiento cardíaco, los gases sanguíneos, los valores de un electroencefalograma y de un electrocardiograma, entre otros. Para poder medir las funciones fisiológicas, es mejor hacer una sesión de CC que tenga entre diez y quince minutos de duración, o que sea incluso más larga.

Al empezar la sesión, deberás indicar a tu compañero que se limite a dejar que su mente vague libremente. Luego tocarás con suavidad su cuerpo con las dos manos. Por lo general, las manos se colocan sobre el pecho o la parte alta de la espalda, aunque la posición de tus manos no tiene ninguna importancia. La sanación se pondrá en marcha independientemente de dónde coloques las manos. Después, se inicia un proceso simple de tres pasos, denominado «triangulación de la CC», que hace que en seguida seas consciente de la Eumoción. Puedes aprender la técnica de la triangulación de la CC en varios de mis libros, incluido *El Sistema Kinslow* (Editorial Sirio), pero aquí voy a resumirla con brevedad.

Cuando se aprende por primera vez la técnica de la triangulación de la CC, el iniciador —es decir, la persona que abre la sesión— coloca las yemas de los dedos índices sobre la espalda de su compañero o compañera. Como ya he mencionado, para que se produzca la sanación real es indiferente cuál sea la posición de los dedos. Para empezar, el iniciador toma conciencia de lo que percibe en la zona del cuerpo de su compañero donde ha posado el dedo índice de su mano derecha: la presión, la temperatura, la firmeza de su cuerpo, la textura de la ropa que lleva, etc. Luego cambia su foco de atención al dedo índice de la mano izquierda y repite el mismo procedimiento tomando nota de lo que percibe a través del contacto con el cuerpo del otro. A continuación toma conciencia de los dos puntos de contacto al mismo tiempo. Esto produce el efecto de parar momentáneamente su mente, permitiendo así que se manifieste la Eumoción. El iniciador toma conciencia del índice de la mano derecha, luego del índice izquierdo y de la Eumoción, y por último de los tres al mismo tiempo. Esto afirma su percepción de la Eumoción, y no tiene que hacer nada más. Poco después surge la sensación de felicidad y comienza la sanación tanto para el iniciador como para su compañero. Sí, lo sé...

suena un poco artificioso, ¿verdad? Puede parecer una locura, pero ¡funciona!

Cualquier persona puede realizar estos simples pasos. Apenas unos segundos después de haber iniciado la sesión, empezarás a tener conciencia de la Eumoción. En ese primer momento, experimentarás una sensación general de relajación en todo el cuerpo y tendrás una sensación consciente de ligereza; una sensación de expansión que te eleva más allá de tu cuerpo; una sensación de totalidad o unidad de la conciencia; una especie de apacible comodidad o una sensación de ser maravillosamente libre. Entonces estarás viviendo una experiencia cumbre.

¡Poco después de comenzar, tu compañero comienza a sentir la Eumoción al mismo tiempo que tú!

Y ahora viene lo más asombroso. Nada más empezar, esa experiencia cumbre que has iniciado por ti mismo se extiende más allá de ti para incluir a tu compañero. Él o ella pronto empieza a sentir la Eumoción al mismo tiempo que tú. Sí, lo has entendido bien. Tu compañero, sin ningún esfuerzo por su parte, comenzará a experimentar por sí mismo la Eumoción.

La triangulación de la CC es extraordinaria para ayudar a otras personas mientras permaneces en el estado sumamente placentero que brinda la Eumoción. Compartir la Eumoción es útil para resolver malestares comunes como las jaquecas, los problemas digestivos, los dolores menstruales, la hipertensión, la ansiedad y la depresión, así como también las enfermedades y los trastornos crónicos. A los niños les encanta este procedimiento y a menudo lo solicitan cuando no se encuentran bien, o cuando un monstruo ha decidido instalarse debajo de su cama.

Tu cuerpo y tu mente se sumen en un estado de conciencia pura cuando llegas a ser consciente de la Eumoción. No vamos a dedicarnos aquí a analizar la conciencia pura, pero sí quiero decir que es uno de los cuatro estados fundamentales de la conciencia junto con el sueño, la vigilia y el estado de sueño profundo. (Las ensoñaciones diarias, el estado hipnótico y otros estados similares se consideran variaciones de uno de los cuatro principales estados de conciencia). La conciencia pura fue establecida clínicamente por Robert Keith Wallace, quien publicó sus hallazgos en la edición de marzo de 1970 de la revista *Science*. Él la denominó «estado fisiológico hipometabólico de vigilia» y descubrió que toda persona que experimentaba la conciencia pura se sumía en un nivel de descanso que es todavía más profundo que el que brinda el estado de sueño profundo. Observó que el nivel de relajación era de tal magnitud que las personas podían realmente dejar de respirar durante breves períodos porque su cuerpo requería muy poca energía para funcionar.

Como probablemente sepas, el descanso es el sanador universal. Cuanto más profundo es el descanso, más profunda es la sanación. Al practicar la técnica de la CC, atraviesas la conciencia pura y luego eres consciente de la Eumoción. La Eumoción produce también un nivel de descanso muy profundo y, en consecuencia, una profunda sanación. De hecho, durante una sesión típica de CC, puedes dejar de respirar de forma espontanea en varios momentos. (Por si acaso este comentario te genera alguna inquietud, la suspensión de la respiración durante la sesión de CC es una función completamente natural en un cuerpo que está muy relajado. Puedo garantizarte que no corres ningún peligro, más bien al contrario). Ahora volvamos a nuestra sesión de triangulación da la CC.

Durante los primeros minutos de la técnica de triangulación da la CC, comienzas a notar que tu compañero está experimentando cambios internos. Hay cuatros signos comunes que anuncian que está percibiendo la Eumoción. Al principio quizás observes que su cuerpo se relaja mucho. Los nudos musculares se deshacen, los hombros tensos empiezan a relajarse y el rostro de tu compañero parece más joven, más despejado y menos estresado. Muchas veces notarás un aumento del calor corporal mientras la sanación sigue haciendo su trabajo. También observarás que su respiración es más suave y que, de tanto en tanto, se detiene durante breves períodos mientras tu compañero entra y sale de la conciencia pura. Es posible que comience a balancearse con suavidad hacia atrás y hacia adelante. Este balanceo es casi universal durante una sesión de CC y creo que es una respuesta fisiológica y psicológica frente a la naturaleza profundamente enriquecedora de la Eumoción. Resumiendo, se trata de una forma tierna y maravillosa de compartir la esencia de la humanidad que nos une más allá de las pruebas y trivialidades de nuestra vida normal. Lo más curativo de la sesión es el hecho de compartir esa inocente pureza, rara vez experimentada en nuestros días. Es el único terreno común que todos compartimos.

Una vez que tu compañero comienza a experimentar la Eumoción por sí mismo, se produce un intenso efecto sinérgico. El efecto armonizador y sanador de la Eumoción sigue intensificándose entre tú y tu compañero. No es necesario que hagas nada más por él, o ella, ni que intentes ayudarlo de ninguna manera. Es suficiente con que estés completamente inmerso en la Eumoción. Tampoco hace falta que él, o ella, haga otra cosa más que dejar que su mente divague. En ese estado de dispersión, su mente no está pensando en ninguna otra cosa, solo espera inocentemente la llegada de la Eumoción. Una vez que se pone en marcha, el proceso en su conjunto es automático.

Aún estoy sorprendido por la velocidad y profundidad de la sanación.

Después de practicar durante varios minutos la CC, tal vez desees sugerirle a tu compañero que haga una rápida valoración de la situación para comprobar si se ha producido algún cambio. Puedo asegurarte que casi siempre se observa una mejoría de los síntomas al cabo de pocos minutos; esa mejoría se manifestará de manera evidente después de períodos más prolongados. Al final de la sesión, que puede durar desde algunos minutos hasta una hora, le pedirás a tu compañero que repita las mismas pruebas que hizo antes de iniciarla para observar si hay diferencias. Yo he descubierto este proceso y lo he practicado mucho más tiempo que ninguna otra persona, por eso puedo afirmar con convicción que hasta el día de hoy estoy sorprendido por la velocidad y profundidad con que se produce la sanación cuando se toma conciencia de la Eumoción. Si sucede eso, tu compañero será entonces capaz de flexionar el cuerpo hacia delante hasta tocar el suelo, caminar sin esfuerzo y descubrir que el dolor original que había situado en el nivel número nueve ha descendido hasta el dos o ha desaparecido por completo. Y eso no es todo, porque la sanación sigue su curso, algunas veces durante varios días después de finalizada la sesión. Es como volver de las vacaciones y sentirse descansado y revitalizado durante el resto de la semana.

Debido a mi trabajo como quiropráctico, estoy acostumbrado a tratar estados neurológicos y músculoesqueléticos graves. En algunos tratamientos he incluido la CC. Debo decir que en esos casos, los pacientes, que hubieran tardado semanas o meses en mejorar si hubiera aplicado solo el tratamiento quiropráctico tradicional, se recuperaron al cabo de unos pocos días. Del mismo modo, los médicos manifiestan que cuando añaden la CC a su propio protocolo de tratamiento, los problemas médicos mejoran de forma más rápida y completa, ante el asombro tanto del paciente como del médico. La mayoría de los profesionales de las principales disciplinas sanadoras utilizan la CC. Los psicólogos han descubierto que es especialmente beneficioso para sus pacientes y afirman que cuando integran la CC en sus tratamientos habituales, sus pacientes reaccionan con rapidez y muestran un gran entusiasmo. Como es evidente,

nunca recomendaría la práctica de la CC como susti-
tuto de una atención médica cualificada, pero cuando
se añade a los protocolos de tratamiento establecidos,
el paciente mejora de forma notable y ahorra tiempo,
dinero y sufrimientos.

> **La sanación se produce como efecto
> secundario de haber tomado
> conciencia de la Eumoción.**

Sé que resulta difícil de creer que el mero hecho de
tomar conciencia de la Eumoción pueda estimular la
sanación, pero esto es sencillamente la punta del ice-
berg. La sanación que tiene lugar cuando practicamos
la CC es extraordinaria, y es fácil olvidar cuál es nuestra primera motivación para practicar este método.
*Practicamos la CC con el único propósito de experimentar la
Eumoción. La sanación que tiene lugar es un efecto secundario de haber tomado conciencia de la Eumoción.* A lo largo
de la vida, la mayoría de nosotros experimentamos
una visión fugaz de la Eumoción. Dejamos de com-
portarnos movidos por nuestras necesidades cuando
somos conscientes de ella. La Eumoción produce lo
que solo puede describirse como un efecto milagroso.
Sin embargo, yo mantengo que solo parece milagroso
si lo comparamos con la experiencia común del estilo

de vida característico de los no-trascendedores, los cuales son impulsados a la acción por la deficiencia. Me maravillan las habilidades de los cirujanos y astronautas, pero para ellos sus habilidades solo forman parte de lo cotidiano. Aun así, se sienten sanamente orgullosos y muy satisfechos por sus logros. Lo mismo sucede con la realización personal que nos brinda el hecho de tomar conciencia de la Eumoción. La felicidad nunca está lejos.

Al parecer, comenzamos nuestro viaje en nuestro destino. Cuando tomamos conciencia de la Eumoción y la compartimos con otra persona, fluimos con suavidad hacia la trascendencia. Al principio nos deslizamos hacia el exterior con facilidad. Con el paso del tiempo y el advenimiento de la CC avanzada, la fuerza interior sosegada y contenida del trascendedor es cada vez mayor y también más permanente. La curiosidad y la creatividad, la cooperación y la voluntad de compartir, el amor por sí mismo y la confianza, la admiración y el asombro son un derecho de nacimiento. Todos los seres humanos sanos sienten el impulso de animar a sus semejantes. Esto no es la filosofía azucarada y cándida incubada en las mentes de unos pocos superentusiastas. Ayudar a los demás a crecer en comunidad está grabado con profundidad en nuestro material genético. Cuando nuestro impulso de crecer en comunidad basándonos en nuestro propio desarrollo interno se frustra, somos menos humanos.

Necesitamos estirar los brazos para tocar la vida de los otros.

Desde el principio de los tiempos, al menos de nuestro tiempo, hemos desarrollado un instinto de autoprotección y al mismo tiempo una sensación de que la tribu nos da seguridad. Nos necesitamos mutuamente. Necesitamos estirar los brazos para tocar la vida de los otros. Es la evolución, el flujo natural que nos proporciona más unidad y armonía. Sin embargo, es mucho más que eso porque es fundamental para nuestra supervivencia. Nos han apartado del camino con los vientos seductores del poder personal y las maravillas tecnológicas. Nuestra ancla en la tormenta es ser conscientes de que somos más que la suma de nuestras necesidades individuales. En realidad, todos estamos conectados pero no de la forma que creemos. En última instancia, no estamos conectados por nuestras esperanzas y creencias, por la política, la educación o la religión. Estamos interconectados exclusivamente en el nivel más primitivo de nuestra humanidad, el de la emoción verdadera o Eumoción. Ahí, el duro caparazón de cada uno puede tornarse ligero y poroso para ofrecer y recibir los placeres de la trascendencia. Contamos con la tecnología. El tiempo pasa, no lo malgastemos.

Capítulo 26

¿QUÉ ES EL SISTEMA KINSLOW?

El Sistema Kinslow es el entrenamiento de los trascendedores.

Para decirlo de modo sencillo, el Sistema Kinslow es el entrenamiento de los trascendedores. Fomenta y estimula un conocimiento que es necesario para llegar a ser plenamente humano. El Sistema Kinslow utiliza un doble enfoque para enseñar y difundir ese conocimiento con el fin de promover un mundo de trascendedores. Las dos «caras» de ese conocimiento son la información y la experiencia. Si quieres construir un muro fuerte y bien definido, necesitas ladrillos y mortero. Los ladrillos representan la información y el mortero la experiencia. Primero colocas los ladrillos y luego el mortero, sobre el mortero pones más ladrillos y así sucesivamente. De esta forma, la pared que estás construyendo será sólida y resistirá la prueba del tiempo. Cuando asistes a una clase de ciencia, recibes información (la disertación) y obtienes experiencia (el trabajo en el laboratorio). Tú progresas a medida que vas asimilando más información y la aplicas luego en la práctica. Igual que nuestra pared de ladrillos, las capas sucesivas de experiencia y comprensión construyen el conocimiento completo y prácticamente garantizan el éxito.

¿Qué es lo que se aprende con el Sistema Kinslow? Eso es fácil de responder. El sistema te enseña la forma de llegar a ser un trascendedor y enriquecer la experiencia de la trascendencia; además, también te muestra cómo materializar tus deseos y expresar tus talentos por ti mismo. Posteriormente, una vez que esos talentos y deseos fluyan hacia el mundo para enaltecer la vida de otras personas, el Sistema Kinslow te enseña a encontrar y fomentar la experiencia de la trascendencia de una manera simple, rápida y natural.

El sistema comienza presentando una visión de todas las posibilidades que se abren ante ti. Pone de manifiesto un potencial personal y aplicable en la práctica que nos permite mejorar con creces la forma en que normalmente vivimos. Luego el sistema te ofrece una experiencia directa de la realización personal. Todo lo que has experimentado se aclara más adelante como preparación para una experiencia de autoconciencia más profunda y duradera. En cuanto aprendes los conocimientos básicos, puedes continuar practicándolo por tu cuenta. Poco a poco, conocerás más profundamente quién eres y quién eres capaz de ser. Llegas a confiar en ti mismo, reconociendo que eres la autoridad máxima de tu propio ser. ¿Comprendes lo que pretendo decir? Si dependes de un maestro o de una filosofía, tu potencial quedará limitado a ese maestro o a esa enseñanza. Tú eres único. Tus necesidades específicas y tu potencial están por encima de cualquier enseñanza. En última instancia, eres la mayor autoridad para dirimir todas las cuestiones relativas a esa singularidad que eres «tú».

Más específicamente, el Sistema Kinslow se basa en la percepción directa de la Eumoción, una experiencia que todos nosotros podemos tener pero rara vez vivimos. La Eumoción es regeneradora. Nos ofrece una perspectiva novedosa que enriquece toda nuestra existencia. Vivir pendientes de las deficiencias, motivados por la constante inquietud que genera la mera necesidad de sobrevivir, es como vivir en la caverna de Platón. Habitamos en un mundo de sombras que carece de color y sustancia. Encontrar la Eumoción es como darse la vuelta para salir de la caverna y dirigirse hacia el mundo luminoso, exuberante y lleno de vida que hay en el exterior.

> **Tomar conciencia de la Eumoción es tan espontáneo como pensar, y es igual de fácil.**

El Sistema Kinslow incorpora la curación cuántica, un proceso que ha demostrado su capacidad para conducirte de inmediato hacia la Eumoción. Por lo general, suele enseñarse que esta experiencia inocente es difícil de alcanzar. Algunos dicen que se necesita practicar y estudiar arduamente durante años para alcanzar las «alturas» de la trascendencia. Los que creen de verdad en ella pasan toda su vida (varias vidas para los que piensan que existe la reencarnación) intentando conquistar la paz y la alegría que se obtienen a través de la trascendencia. Pero eso no es necesario. La Eumoción es tu derecho por nacimiento, no es algo que hay que ganar. Tomar conciencia de la Eumoción es tan espontáneo como pensar, y es igual de fácil.

Hay cuatro formas tradicionales de acercarse a la Eumoción. Se las conoce normalmente como los cuatro caminos: devocional, intelectual, físico y mecánico. Mediante el camino devocional, el corazón se abre al amor verdadero a través del servicio. Estas técnicas son las prácticas del amor bondadoso y la compasión. El obstáculo para la devoción es que se presta más a la emoción que a la Eumoción. Como ya sabes, el amor es espontáneo. Si no se manifiesta de forma natural, el propósito deliberado de fomentarlo es prácticamente lo mismo que pensar en positivo. Son pocas las personas que dominan el camino intelectual, puesto que requiere una mente clara y ordenada, horas de dedicación y años de práctica. Hoy en día, el método más popular del camino intelectual es *Advaita Vedanta*, un proceso cognitivo antiguo y elegantemente simple. No obstante, uno de los obstáculos principales para el camino intelectual es un ego elevado. El mejor ejemplo del camino físico es el *hatha yoga*, que pone el énfasis en las posturas físicas y los ejercicios respiratorios. Debo decir una vez más que este enfoque es muy sano para el cuerpo y la mente, pero requiere muchos años de práctica y, salvo los que ya eran trascendedores antes de empezar el entrenamiento, pocas personas son capaces de alcanzar el estado al que aspiran. El camino mecánico consiste en pronunciar una oración o un mantra mientras se hacen pasar cuentas enhebradas entre los dedos, como cuando se utiliza un rosario católico o una *japa* oriental. Entre las técnicas mecánicas también se incluye la meditación con *mantras* (sonidos espirituales) y *yantras* (geometría espiritual).

La meditación más popular con *mantras* es la meditación trascendental (MT), que fue introducida en Occidente por el Maharashi Mahesh Yogi en la década de los años cincuenta. La MT es una técnica maravillosa que ha demostrado tener muchos beneficios para la salud. Me considero un privilegiado por haber sido un maestro autorizado de MT durante muchos años. Basándome en lo que conozco de las técnicas mecánicas, pienso que la meditación trascendental es la más eficiente. Es una meditación que se practica en posición sedente y que transporta enseguida al practicante a la conciencia pura. La filosofía de la meditación trascendental incluye la conciencia cósmica (nombre de un sistema que conduce a la autorrealización) que se alcanza solo por medio de un entrenamiento regular continuo. También contiene una categoría especial para los trascendedores que requiere dedicar más tiempo a la práctica. La curación cuántica es una técnica que puede realizarse en posición sedente, aunque también es posible practicarlo mientras estás ocupándote de tu rutina cotidiana. La CC puede despertar al trascendedor que vive en ti en cuestión de días, ¡e incluso horas! Cuando practicas la CC como parte del Sistema Kinslow, los objetivos de los otro cuatro caminos que son necesarios para llegar a ser un trascendedor se cumplen de inmediato tras experimentar la Eumoción.

A pesar de no ser un método tradicional, la curación cuántica es el quinto camino hacia la Eumoción. Se basa en la percepción, es decir, en la interacción de nuestros sentidos con el entorno. El resultado de dicha percepción es inmediato y afecta tanto a la mente como al cuerpo. A continuación voy a explicarte lo que quiero decir.

Si oyes el chirrido de los frenos de un coche y te giras justo cuando el vehículo atropella a un perro, tu mente y tu cuerpo resultan inmediatamente afectados por esa percepción, ¿no es verdad? Cuando presencias un suceso negativo, como en el ejemplo del perro atropellado por un coche, el efecto fisiológico que dicha percepción produce en ti es que tus pupilas se dilatan, el ritmo cardíaco aumenta, la tensión sanguínea y el pulso se aceleran, la adrenalina fluye por el sistema circulatorio y tus músculos se tensan preparando la respuesta de lucha o huida. A nivel psicológico, puedes sentirte agitado o incluso ansioso, asustado y quizás hasta irritado. Esa simple percepción ha tenido un efecto importante sobre tu mente y tu cuerpo. En cambio, si hubieras contemplado una hermosa puesta de sol, también habrían resultado afectados al mismo tiempo tu mente y tu cuerpo, aunque de diferente manera. Esa percepción habría producido un impacto positivo. Por ejemplo, tu cuerpo se habría relajado y tu mente serenado, con lo que tú habrías experimentado una sensación de paz.

Las técnicas del Sistema Kinslow se apoyan en este principio instantáneo de la percepción. Cuando percibes la Eumoción, de inmediato y sin ningún esfuerzo por tu parte, tu cuerpo refleja el estado profundo de sanación que produce la conciencia pura mientras tu mente se abandona a la alegría revitalizante que proporciona la Eumoción. Ahora quizás comprendas por qué estoy tan entusiasmado con el Sistema Kinslow. No tienes que esperar décadas, sino, literalmente, apenas unos minutos para conocer la Eumoción y comenzar a cultivar la trascendencia, primero para ti mismo y luego para los demás. Clara y llanamente, es el mayor regalo que te puedes hacer a ti mismo... o a otras personas.

> **Es ese acto de compartir la Eumoción lo que ayuda a desplegar el amor latente que reside en nuestro interior.**

Así es como se llega a ser un trascendedor. Las personas que asisten a mis cursos conocen la Eumoción muy rápidamente a través del proceso de triangulación de la CC, que consta de tres pasos. Este método favorece que los asistentes experimenten de forma inmediata la autorrealización, que es el primer paso para convertirse en un trascendedor. Luego, los ayudo personalmente a reducir el proceso de tres pasos a un solo paso. De este modo no tienen necesidad de aprender ninguna técnica. Al practicar la CC avanzada de un solo paso pueden tomar conciencia de la Eumoción en cualquier momento y en cualquier lugar. Una vez que llegan a ese punto, lo que sucede con gran rapidez, ya están preparados para formar parte de los trascendedores. A partir de ese momento, comienzan a compartir con los demás sin el menor esfuerzo la armonía y felicidad que acaban de alcanzar. Es ese acto de compartir la Eumoción lo que ayuda a desplegar el amor latente que reside en nuestro interior.

Aunque existen en realidad miles de formas de aproximarse a la Eumoción y convertirse en un trascendedor, muy pocas son prácticas y, a mi entender, ninguna lo consigue de una manera tan fácil y efectiva como el Sistema Kinslow. Con el paso de los años he desarrollado varias técnicas realistas y eficaces que ofrezco como parte del Sistema Kinslow. La filosofía, la tradición o el dogma no nos interesan demasiado, porque se interponen en el camino directo hacia la trascendencia. He descubierto que es mejor empezar por el objetivo y llegar a ser un trascendedor lo más rápido posible. Y eso se consigue compartiendo la Eumoción con otra persona. En primer lugar, es preciso centrarse en la propia sanación y en la de los demás. El resultado es la participación íntima y personal de un trascendedor. No es necesario esperar años para desarrollar lo que ya está formado y se encuentra a nuestra disposición. Estás de acuerdo, ¿verdad?

A continuación nos ocuparemos de un obstáculo para la trascendencia y vamos a ver cómo podemos afrontarlo.

Capítulo 27

¿CUÁL ES NUESTRO OBJETIVO FINAL?

¿Has actuado alguna vez en contra de tu propia naturaleza para complacer a otra persona? Quizás hayas abandonado la música para convertirte en un abogado o en un contable porque tus padres creyeron que serías más feliz si eras capaz de ganarte la vida. Tal vez hayas renunciado a tu carácter juguetón debido a tus responsabilidades laborales y familiares. ¿Recuerdas cuando las carcajadas espontáneas eran el pan de cada día? Todos realizamos sacrificios necesarios que nos producen estrés emocional y físico. La vida es así, ¿verdad? No hay nada malo en hacer sacrificios que representan un desafío. El delito es que nuestros sacrificios asfixien nuestra alegría de vivir, ese entusiasmo infantil que en determinada época nos hacía sentir felices y plenos. Sabes muy bien que esto es totalmente cierto, no hay más que mirar la alegría que irradia un niño feliz. Cuando no se nos permite expresar nuestra naturaleza interior, esta se va apagando poco a poco hasta que muere.

Puedes llegar a ser feliz independientemente de cuál sea tu situación.

Conocer la Eumoción es nuestra forma de protegernos de su desaparición. La Eumoción nos recuerda lo que somos por debajo del manto de responsabilidad que nos han impuesto; e incluso si no somos capaces de deshacernos de nuestras cargas, el hecho de conectarnos con la Eumoción nos ayudará a aligerarlas. Lo extraordinario de la Eumoción es que el simple acto de dedicarle parte de tu tiempo te ayudará a alinear tu vida en correspondencia con tus talentos y deseos naturales. Puedes llegar a ser feliz sea cuál sea tu situación. Los prisioneros cautivos en los campos de concentración nazis, rodeados por alambres de espino, sufrieron los tratos más atroces que la humanidad ha conocido. A pesar de ello, algunos individuos trascendieron los tremendos sufrimientos y consiguieron mantener un estado de dicha y ecuanimidad que incluso les permitió ayudar a los compañeros que sufrían. Estos prisioneros superaron sus necesidades básicas para habitar el mundo de la trascendencia. Tal vez te sientas bloqueado en alguna situación, sin ninguna esperanza de salir de ella y sin ver un camino posible hacia la liberación. Sin embargo, en cuanto comiences a redescubrir tu ser —o, como suele decirse, tu esencia—, todo eso comenzará a mejorar. Esos cambios se producirán de forma exclusiva para ti y para la situación en la que te encuentras. Puedo garantizarte que habrá cambios en tu vida.

A lo mejor podrías aducir que ya tienes suficientes preocupaciones intentando satisfacer tus propias necesidades y que no tienes tiempo ni energía para ayudar a otras personas. Naturalmente, todo eso es verdad solo si estás tratando de satisfacer tus necesidades inferiores. Cuando están cubiertas nuestras necesidades básicas —como la comida, un trabajo seguro y una autoestima bastante estable—, comenzamos a dejarnos llevar por nuestro lado más sereno. Es allí donde encontramos a la Eumoción esperándonos. No hace falta que seas un trascendedor para experimentar la Eumoción. Esa es la belleza del Sistema Kinslow. Con independencia de cuál sea tu ubicación en la escala de las necesidades —a menos que en ese momento estés subido a un árbol a pocos centímetros del hocico rabioso de un oso pardo—, la Eumoción está a tu disposición y puedes alcanzarla. Déjame recordarte que eres un ser humano, ¿vale? En consecuencia, eres un trascendedor a la espera de salir a escena y cantar tu canción.

> **Tu objetivo final,
> lo sepas o no,
> es ser un trascendedor.**

Tu objetivo final y superior, lo sepas o no, es ser un trascendedor. Esto es así. Todo el mundo se aparta naturalmente del dolor y se dirige hacia el placer. Esta es una realidad biológica, no solo para nuestra especie, sino para cualquier ser vivo. La diferencia es que tú tienes una autoconciencia bastante refinada que puede apreciar y valorar tu posición en la jerarquía humana. Aunque esa es una espada de doble filo. Tomar conciencia de tus necesidades crea una especie de sufrimiento, una inquietud de la que ya hablamos, una sensación de vacío que necesita llenarse. En cambio, la autoconciencia de tu plenitud genera felicidad.

Si tú crees que tu meta es hacer dinero o tener una educación mejor, solo estás parcialmente en lo cierto. Esos son solo peldaños en las escaleras que te llevan hacia tu ser superior. Tu fin último es vivir en concordancia con lo que llamaremos tu ser natural o no distorsionado, ese ser que te traerá felicidad si permanece sereno. Al liberarte de tus necesidades psicológicas, puedes nadar en la plenitud de la vida. Como trascendedor, puedes seguir esforzándote para ganar más dinero o volver a estudiar. La diferencia es que tu objetivo interno ya se ha materializado. Como resultado, tu felicidad no depende de éxitos externos. Igual que las olas de un océano, la felicidad relativa sube y baja junto con tus éxitos y fracasos. Por el contrario, la felicidad trascendente sigue siendo esencialmente inmodificable al igual que las tranquilas profundidades del océano.

CAPÍTULO 28

LA FELICIDAD COMPARTIDA ES UNA FELICIDAD DOBLE

Existe un antiguo proverbio checo que dice: «La felicidad compartida es una felicidad doble». Ya hemos hablado de cuál es la labor de una persona autorrealizada. Su motivación es el deseo de conocerse a sí misma, descubrir sus talentos y desarrollarlos tan plenamente como sea posible. Su búsqueda infunde vida en su ser, animando y revitalizando cada uno de sus pensamientos, palabras y actos. Así se convertirá en la persona más productiva que pueda llegar a ser, pero no como una meta que debe conseguir, sino como una expresión natural de su ser real. El impulso natural de una persona autorrealizada es expresar sus inclinaciones naturales, dedicarse a lo que mejor sabe hacer. Y cuando está en ese camino, nos emociona a todos porque se convierte en portavoz de la plenitud.

Su propia expresión natural de felicidad resuena con la nuestra, más allá de la profundidad a la que esté enterrada. Esa persona adora compartir, no solamente lo que cree, desea y piensa, sino también lo que es. Y debido a su honestidad y a que se ha liberado de las necesidades, nos sentimos a gusto en su presencia. Un individuo que se siente autorrealizado se convierte en un trascendedor sin hacer nada por conseguirlo.

> **Un individuo que se siente autorrealizado y comparte la Eumoción se convierte en un trascendedor.**

Cuando un trascendedor comparte su «presencia» con otras personas, fomenta un flujo libre de Eumoción que es recíproco. Así es la naturaleza humana, ¿no es verdad? Si alguien está enfadado, se nota un aire tenso en la habitación; por el contrario, la atmósfera es distendida y amena si está contento. Cuando un trascendedor comparte la Eumoción, todos los que se encuentran en la sala también comienzan a experimentarla. De este modo se crea una especie de bucle de retroalimentación sinérgica que potencia la Eumoción para todos y cada uno de ellos. En otras palabras, ¡cada persona está experimentando una felicidad mayor de la que podría sentir por sus propios medios! Más allá de cuál sea la actividad que está realizando el trascendedor —sea hablar o enseñar, tocar música o crear una obra de arte, o simplemente preguntar por una dirección—, el bucle de retroalimentación se forma de inmediato y la felicidad comienza a ser cada vez más intensa.

Cuando enseñamos la trascendencia a través del Sistema Kinslow, iniciamos la sesión de CC con una actividad suave pero profunda. Como ya he dicho antes, no tiene ninguna importancia qué es lo que se desea sanar. Eso es un factor secundario. El objetivo del ejercicio es encontrar, compartir y reforzar la Eumoción. Queremos persuadirla para que salga de su escondite y presentarla al mundo. Queremos que sea más tangible. Las sesiones de CC consiguen que sea más fácil acceder a la Eumoción. Algunas veces llega a ser tan sólida que puedes comerla con una cuchara. ¿Una cena para dos?

Tal vez estés pensando: «Yo no me siento inclinado a compartir nada con los demás porque apenas tengo tiempo y energía para mí mismo». No hay duda de que se trata de una decisión inteligente. Eso se llama autopreservación. Si das más de lo que tienes, además de sufrir te conviertes en una carga para los demás. La seguridad antes que nada es una regla de oro. No es egoísmo. Es la regla de supervivencia fundamental. Pero, como es evidente, tú no quieres vivir en un estado de «mera supervivencia». La vida hay que disfrutarla. Y tú lo sabes. Toda vida orgánica lo sabe. Pero tú eres humano y, a diferencia de otros seres, tienes un gran potencial.

> **El objetivo de la humanidad es llegar a ser «transparente a la trascendencia».**

En cuanto tus necesidades de seguridad y supervivencia están satisfechas, el mundo te anima a que seas feliz y propagues esa felicidad de la forma que mejor te convenga. Joseph Campbell dio a conocer una unidad psíquica de la humanidad, una especie de meta final hacia la que todos nos dirigimos con la misma certeza con que los ríos se dirigen hacia el mar. Campbell afirmó que por debajo de este mundo de fenómenos, existe una fuerza organizadora que, igual que un río cuyas aguas fluyen constantemente, se dirige hacia una realidad común de unidad, armonía y felicidad. Además, también observó que toda la humanidad es animada a conseguir un mundo que sea «transparente a la trascendencia». Y la receta de Campbell para la trascendencia era: «Persigue la dicha». En primer lugar, debes tomar conciencia de tu dicha interior, la Eumoción. Luego debes compartir la Eumoción con el mundo haciendo todo aquello que apoye y mejore tu forma de disfrutar de ella.

En su revolucionario libro *Grow or Die* [Crece o muere], el antropólogo, científico de sistemas y descubridor de la teoría de la transformación George Land ilustró que el desarrollo de cualquier sistema —sea una molécula, una empresa, una galaxia, una persona, una relación o una especie— atraviesa tres fases distintas de crecimiento. El sistema perece si no consigue hacer una transición hacia el siguiente nivel de desarrollo. La primera fase se caracteriza por la supervivencia; la segunda, por la expansión y el crecimiento; y la tercera fase, por la innovación, una especie de reestructuración de su motivación básica. Esta tercera fase nos enseña a devolver al medioambiente lo que nos ha aportado en lugar de consumir sus recursos, los cuales son para nosotros de máxima importancia para sobrevivir. Las fases de transformación de Land pueden ser comparadas en gran medida con la jerarquía de las necesidades de Maslow.

**El deseo del trascendedor
es que toda vida pueda prosperar.**

Los hallazgos de Land y Maslow tienen un gran valor para nosotros como individuos, pero también para la supervivencia de nuestra especie. Su trabajo es una herramienta práctica, una brújula que señala el lugar en el que nos encontramos, hacia dónde nos dirigimos y cómo serán las cosas cuando lleguemos a nuestro destino. Estos pensadores, y muchos otros, son los barómetros de nuestra salud y bienestar futuros.

A nivel individual, puedes estar en la fase de supervivencia o experimentando el regocijo de ver mejorar tu salud psicológica y aumentar tu riqueza material. También puedes ser un trascendedor que estás pagando tus deudas con una alegría y vivacidad que cautivan a todo el mundo. Si lo eres, entonces sientes compasión por la angustia que padecen otras personas. El deseo de un trascendedor es que toda vida pueda prosperar, libre de sufrimientos innecesarios. Un trascendedor sabe de forma intuitiva que es posible eliminar gran parte de los sufrimientos. Lo sabe porque lo ha vivido, y nos invita a compartirlo con él.

Capítulo 29

UNA INVITACIÓN ABIERTA

En el mundo de los trascendedores, hay un intercambio entre dar y recibir. Lo que no se puede hacer es dar *para* recibir. ¿Comprendes cuál es la diferencia? La manera de dar de un trascendedor fluye de manera constante, ofreciendo y recibiendo felicidad. La necesidad es la llave inglesa del mecanismo. Dar para recibir algo a cambio bloquea el flujo y sabotea la intención.

**No puedes *hacer* nada
para *ser* feliz.**

No puedes tomar la decisión de ser profundamente feliz o de amar a alguien. No puedes *hacer* nada para *ser* feliz. Como comprenderás, eso es una equivocación. Tú no puedes tomar la decisión de sentir amor, verdadero amor. El amor proviene de la Eumoción, un sencillo estado fundamental, sereno e inmaculado, del que puedes ser consciente o no. Con independencia de cuál sea tu filosofía, no puedes programarte para experimentar la Eumoción, de la misma forma que no puedes hacerlo para amar. No puedes fabricar la Eumoción. Es preciso percibirla. Como ves, antes de poder alcanzarla, debes tomar conciencia de ella.

Muchos de nosotros nos sentimos defraudados al pensar que los buenos sentimientos que se generan en un grupo corresponden a la felicidad o al amor. Aunque es posible que así sea en un grupo de trascendedores, la mayoría de los grupos se basan en las necesidades. Una asamblea política, una sesión de terapia grupal, un equipo deportivo o una reunión espiritual pueden desencadenar sentimientos intensos de camaradería y una gran armonía que podrían confundirse con el amor puro. Cada tipo de grupo tiene su propio proceso para crear la cohesión entre sus miembros. Este proceso satisface las necesidades del individuo, con lo que se crea una sensación de armonía. Esa sensación de armonía es condicional por naturaleza; es transitoria y se basa en las necesidades. El amor no puede nacer de la deficiencia. No puede nacer del miedo. El amor fluye desde la plenitud. El amor fluye desde la Eumoción.

Te ruego que no me malinterpretes. No pienses que soy antigrupo. Todo lo contrario. Los grupos son vitales y necesarios para crear y mantener individuos sanos. Los *homo sapiens* debemos reunirnos, y no solo por nuestra seguridad física, sino también por nuestra seguridad psicológica. Una de las sentencias más devastadoras para un miembro de una sociedad antigua era ser expulsado del clan. Aun en el caso de que su supervivencia física estuviera garantizada, el mayor sufrimiento provenía del aislamiento psicológico. Y este es un problema que afronta la generación actual, un destierro autoimpuesto. Con el advenimiento de Internet, los correos electrónicos y las redes sociales, los individuos están cada vez más aislados. Veo familias enteras con las caras inmersas en sus teléfonos móviles inteligentes mientras están cenando. Recientemente, en un viaje a Alemania, observé a un grupo de estudiantes de instituto sentados alrededor de un árbol moteado de sombras en un maravilloso día de otoño. ¿Acaso estaban armando jaleo, riendo y bromeando con sus compañeras, o luchando y empujándose en medio de una gran excitación mientras discutían entre ellos para decidir quién era el mejor superhéroe? Nada de eso. ¡Estaban sentados con las cabezas gachas alrededor del tronco de un enorme roble, escribiendo mensajes a los amigos que estaban junto a ellos! No tenían ningún contacto visual y apenas se dirigían la palabra.

«Las redes sociales complican las relaciones interpersonales».

Esto se convertirá en un problema real para la humanidad si perdemos nuestra capacidad para socializarnos, porque va directamente en contra de los instintos que nos permiten sobrevivir y progresar. Por ejemplo, los usuarios frecuentes de Facebook muestran una tendencia cada vez mayor a deprimirse. Un artículo de la publicación *Psychology Today* titulado «La depresión de Facebook» predijo que «las redes sociales pueden conducirnos a una clase menos genuina de empatía... Las redes sociales complican las relaciones interpersonales porque tientan al usuario a pensar que la comunicación *online* es lo mismo que relacionarse de forma personal».

El caso es que las nuevas generaciones están perdiendo el contacto individual. Con el paso del tiempo, hemos ido perdiendo lentamente el contacto con nosotros mismos. La regla es que tú no puedes conocer a otra persona hasta que no te conoces a ti mismo. Con independencia de la generación a la que pertenezcas, la mitad de tu mundo quedará oculto para ti si no consigues trascender. Entonces, todo tu mundo sufrirá las consecuencias. Por ese motivo he invertido tiempo en escribir este libro para ti. Por lo visto, puedes revertir el proceso de forma muy rápida y fácil. Nunca es demasiado tarde. Aun cuando estés en tu lecho de muerte, el bálsamo de una pequeña Eumoción puede ofrecerte un gran alivio. Eso me recuerda a un hombre que sufría un cáncer de garganta en cuarta fase con quien compartí la Eumoción. Le enseñé a conectar con ella e inmediatamente se sintió liberado del miedo que había estado arrastrando a lo largo de toda su enfermedad. Además, muchos de sus síntomas físicos experimentaron una notoria mejoría. Él estaba muy agradecido porque las náuseas que le producían las sesiones de quimioterapia iban remitiendo poco a poco. Después de una sesión de CC, pocos días antes de fallecer, me miró con brillo en los ojos y me dijo: «Frank, gracias por salvar mi vida». Los dos sabíamos que el final estaba próximo. Lo que aquel hombre quería transmitirme era que, a pesar de que se estaba muriendo, había superado el miedo. Se había liberado y había alcanzado la plenitud; estaba preparado para todo lo que tenía por delante...

No puedes conocer a otra persona hasta que no te conoces a ti mismo.

Bien, creo que me he desviado un poco del tema, pero estoy seguro de que comprendes por qué lo he hecho. El aislamiento que sentimos, o que negamos sentir, nos aleja de la solución. Antes de buscar la realización en el mundo que nos rodea, debemos encontrarla dentro de nosotros mismos. Ahora tenemos la capacidad de hacerlo. Hemos encontrado una forma. Es tan simple que en cuanto te familiarices con ella y llegues a dominarla, comprobarás que no es más complicado que pensar. ¿Puedes pensar? Entonces prueba este experimento. Ya te advierto que es muy difícil, pero te permitirá conocer si eres capaz de tomar conciencia de la Eumoción. Allá vamos:

- Piensa en un ave.
- Ahora piensa en un cucurucho de helado.
- Por último, piensa en un coche.

Ya te habrás dado cuenta de que al decir que el experimento era difícil estaba bromeando, ¿verdad? Pensar es prácticamente una de las cosas más fáciles que hacemos. ¿Qué tal lo has hecho? ¿Has sido capaz de pensar en cada una de esas tres cosas? No me cabe ninguna duda de que has conseguido hacerlo. Dejar que tu conciencia se desplace de un pensamiento a otro es algo natural. Tienes casi todo lo que necesitas excepto la Eumoción, y eso es fácil de remediar. En cuanto te enseñe cómo hacerlo, simplemente tomarás conciencia de la Eumoción de la misma forma que piensas en un ave o en un cucurucho de helado, y tu autorrealización se pondrá en marcha en el mismo momento en que lo hagas.

**La humanidad está preparada
para hacer la transición
hacia la trascendencia.**

La humanidad está preparada para hacer la transición hacia la trascendencia, un período que sirve para apoyar y enriquecer a nuestros semejantes. Sin embargo, no es eso precisamente lo que estamos haciendo los seres humanos. Nos aferramos con terquedad a nuestras viejas formas, a las cosas que solían ser efectivas pero que ya no nos funcionan. Reunimos objetos, ideas y personas para calmar la angustia que nos produce el vacío, y eso es una locura. En lugar de trascender hacia la plenitud, aumentamos nuestro vacío.

Nos estamos comportando como si los recursos de nuestro mundo fueran ilimitados. Como especie, somos empujados hasta el límite de nuestra capacidad de expandirnos. Nos encontramos en un punto crítico, hemos llegado todo lo lejos que es posible llegar sin causar daños irreversibles. Si no hacemos la transición hacia la trascendencia, con toda seguridad seguiremos las huellas de todas las especies humanas que han caminado antes que nosotros sobre la tierra. George Land nos advierte que si no evolucionamos, moriremos. Si no hacemos la transición hacia la trascendencia y no aprendemos a compartir los frutos de la plenitud, lo mínimo que nos puede suceder con el paso del tiempo es que sucumbamos a nuestro propio sufrimiento. Y, como aquellos pocos prisioneros especiales de los campos de concentración nazi que superaron el dolor, los trascendedores seguirán viviendo situados junto a la Eumoción. No obstante, esas almas especiales también se verán afectadas por una especie de tristeza cósmica debido al sufrimiento de sus congéneres. Para un trascendedor, si una sola alma sufre, también sufre toda la humanidad.

Vaya, no era mi intención ponerme triste, pero como ya te habrás figurado, este es un tema que me produce una profunda preocupación. No me estoy quejando, ni mucho menos. Y eso se debe a que veo la luz al final del túnel. Veo una solución práctica que puede aportar un triunfo colectivo. Sí, ya sé que eso suena demasiado grandilocuente, ¡Kinslow va a salvar el mundo! Pero por una cuestión de suerte, en el momento oportuno yo tenía el estado mental correcto y el entrenamiento adecuado para descubrir una técnica científica simple y sin escollos que cualquiera puede reproducir para alcanzar la felicidad. Kinslow no puede salvar el mundo, al menos no puede hacerlo solo, pero todos los trascendedores juntos sí que podemos hacerlo. Es la solución más simple y más práctica. De manera que he creado el Sistema Kinslow para presentarlo a... bueno, ¡para presentártelo a ti!

Enseñarlo es todo un privilegio para mí y un enorme placer. Puedo decir sin lugar a dudas que yo mismo evoluciono de una manera extraordinaria mientras enseño la tecnología de la trascendencia. Por esa razón, siempre he estado dispuesto a dar mi clase aun cuando no se presentara ningún alumno. Y lo he hecho varias veces. Para mí, la enseñanza está viva y me devuelve con creces toda su belleza. El hecho de que esta enseñanza se haya difundido por todo el mundo me hace apreciar enormemente la forma en que se han resuelto las cosas, mejor dicho, la forma en que se están resolviendo las cosas. Yo estoy viviendo mi sueño, me estoy dedicando a hacer lo que me hace sentir más vivo, y te invito a que tú vivas también los tuyos.

EPÍLOGO

Hace poco tiempo, recordaba aquel lejano día en el *dojo* de judo japonés en el que se sembró la semilla que germinaría más tarde para crear un movimiento mundial destinado a alcanzar la felicidad interior y la satisfacción externa. Cuanto más pienso en ello, más me parece un grano de arena que encontró su camino, aunque no sin resistencia, en lo más hondo de los pliegues de una ostra hasta ubicarse en el lugar preciso para crear la perla más brillante e inmaculada. La euforia que suscitó esa repentina conciencia de la Eumoción también trajo aparejada una cierta lucha por la ecuanimidad. El impacto que tuvo en mí fue tan radiante que comprendí su importancia a la inocente edad de diez años. Fue mi referente, mi piedra de toque, mi refugio durante la tormenta, un faro que disipó las sombras de la falta de confianza en mí mismo.

Y a pesar de que han transcurrido más de seis décadas desde entonces, ese faro continúa brillando.

En mi infancia era como un amigo, o acaso se pareciera más a una madre que me esperaba con los brazos abiertos cuando los juicios y criterios del mundo exterior se imponían de una forma demasiado dura sobre esta santidad interna. Ahora sé que es mucho más que eso, mucho más que una madre. Sé que la Eumoción no es solo una parte de mí mismo, sino mi propia esencia, el material del que fluyen todos los pensamientos y del que afloran todas las emociones para transformarse luego en expresiones externas mediante las cuales los demás pueden llegar a conocerme. Frank es el reflejo de la Eumoción en su mente y en su cuerpo.

Cuando pienso en mi vida, puedo ver los profundos traumas que me dejaron unas cicatrices perfectas. No me arrepiento de nada. Tampoco preferiría que las cosas hubieran sido diferentes, o de alguna manera mejores. Pero este no ha sido siempre el caso. Cuanto más me consagraba a la perfección, más me eludía ella. Nunca me he resignado a sufrir. Simplemente me he asentado en una especie de paz operativa apacible que es como un sonido de fondo parecido al murmullo del agua mientras se desliza sobre las piedras. Por el mero hecho de observar un pájaro que vuela en libertad, oír a los niños mientras juegan, o inhalar profundamente el olor de una fogata en una mañana fresca y brillante, me siento sobrecogido por la belleza del mundo. Sin motivo alguno, la Eumoción sale de su refugio interior y muestra toda su magnificencia en mi mundo de causa y efecto, convirtiéndolo en un mundo en el que impera la armonía.

En mi vida cotidiana, todavía sigo teniendo momentos buenos y momentos malos. La vida no sería vida sin ellos. Pero actualmente los momentos buenos, que antes eran casi maníacos, y los momentos bajos, que llegaban a ser casi descorazonadores, han sido sustituidos por una alegría serena y un enorme aprecio por la persona que soy.

William Wordsworth lo sabía. Y yo llegué a descubrirlo. *El niño es el padre del hombre*. Ese niño de diez años, cuya indignación se tropezó con la Eumoción, descubrió entonces una compañera para toda la vida. Mientras escribo estas palabras y te las transmito, ese niño se sienta sobre mi hombro asintiendo con la cabeza, haciéndome saber que está de acuerdo. Estaba allí cuando di mi primer beso y cuando me divorcié. Estaba allí cuando nacieron mis hijos y cuando mis padres fallecieron. Y estará allí cuando yo dé mi último suspiro. Un amigo hasta el final.

Nadie puede saber con certeza lo que sucede después de la muerte. Pero yo sé esto: la Eumoción ha traído más vida a mi existencia. Sin ella, mi mundo no sería más que briznas de paja. En algún momento de nuestra inocente infancia, todos éramos amigos de la Eumoción. Sin embargo, mientras los monstruos que habitaban debajo de la cama retrocedían ante la luz de la lógica y nosotros colocábamos nuestras muñecas, nuestros camiones de bomberos y nuestros sueños infantiles en la estantería por última vez, paulatinamente también dejamos allí la Eumoción. Ocupados por la tarea de llegar a ser, dejamos atrás nuestro ser, el amigo con el que podíamos compartir nuestras fantasías, nuestros mayores gozos, nuestros momentos más oscuros y el entusiasmo desmesurado por el porvenir. Los éxitos que no se comparten son meras sombras.

He regresado a mi punto de partida. Ouroboros devorando los trozos fragmentados de mi propio ser hasta que no quede nada roto. Y no por repararlo, sino por aceptarlo tal cual es, exactamente como lo que es. Cuando la Eumoción es la lente a través de la cual observo mi mundo, este se transforma en un lugar más amigable, un sitio donde los opuestos se encuentran y se dan la mano…

Y esto, mis queridos amigos, es la felicidad.

GLOSARIO

AUTORREALIZACIÓN: Todas las personas que han alcanzado la autorrealización son las primeras en liberarse de las conductas impulsadas por los deseos. A diferencia de los trascendedores, que comparten sus conocimientos con el mundo exterior, las personas autorrealizadas persiguen la satisfacción de su potencial personal y se interesan sobre todo en desarrollar sus talentos, habilidades y conocimientos especiales. Son éticas, espontáneas y creativas. Una persona autorrealizada es un trascendedor en ciernes.

CC AVANZADA: Es un paso adelante en la técnica de la Triangulación. En vez de tener tres puntos de aplicación, la CC avanzada tiene solamente uno. Se puede practicar en cualquier momento y en cualquier lugar, cambiando simplemente el foco de la propia conciencia y dirigiéndola hacia un único punto, la Eumoción.

CONCIENCIA PURA: Es uno de nuestros cuatro estados de conciencia fundamentales, junto con la vigilia, el sueño y el estado de sueño profundo. Una persona que experimenta la conciencia pura se sume en un estado que es todavía más profundo que el sueño profundo. Durante el estado de conciencia pura, el pensamiento queda suspendido y la capacidad del cuerpo para curarse aumenta de un modo significativo. Cuando practicas el Sistema Kinslow y percibes la Eumoción, experimentas con facilidad el estado de conciencia pura.

CURACIÓN CUÁNTICA (CC): La curación cuántica es una técnica simple destinada a experimentar la Eumoción. Aunque se trata de una técnica científica, no es necesario ser un científico para practicarla. La técnica básica de la CC consta de tres pasos simples. La curación cuántica es el puente hacia la Eumoción.

EL SISTEMA KINSLOW: El Sistema Kinslow es el entrenamiento de los trascendedores. Fomenta y estimula el conocimiento necesario para llegar a ser plenamente humano. El Sistema Kinslow tiene un doble enfoque para instruir e inspirar a las personas con el fin de fomentar un mundo de trascendedores. Enseña a sus practicantes la forma de convertirse en trascendedores y enriquece su experiencia de una manera simple, rápida y natural.

EUMOCIÓN: Es la causa de la felicidad más elevada. Es el estado normal de la conciencia humana, libre de deseo. Experimentas la Eumoción cuando te encuentras en ese espacio tranquilo y relajado que hay entre la vigilia y el sueño. La Eumoción es el puente entre los no-trascendedores y los trascendedores. Es la fuente de emociones verdaderas como la paz, la admiración reverencial, el amor incondicional, la compasión, la dicha, la gracia, la plenitud, la ternura, la euforia, la alegría, la bondad y la satisfacción. La Eumoción es la regeneradora, la sanadora por excelencia. La conciencia de la Eumoción armoniza y organiza nuestra mente, cura y rejuvenece nuestro cuerpo y consigue que en nuestra vida cotidiana estemos más abiertos para disfrutar de mayores expresiones de creatividad, compasión y gozo.

FELICIDAD: Para nuestros propósitos, *felicidad* puede ser una palabra clave, una cesta en la que colocamos todas las emociones positivas, cualquiera de las cuales puede considerarse una expresión de la felicidad. La calidad de la percepción de la felicidad determina su nivel.

FELICIDAD - 3 NIVELES: Existen tres niveles de calidad para la felicidad: pura, refinada y común. La felicidad común es la que experimentan los no-trascendedores. Es la felicidad que se obtiene al satisfacer las necesidades inferiores. Es una felicidad esperada y extrínseca. Depende de objetos y circunstancias, como pueden ser el dinero, los regalos y el control sobre otras personas, pero también del reconocimiento por los logros personales, la aceptación por parte de un grupo, etc. Los maestros motivacionales animan a sus seguidores a experimentar la felicidad común.

La felicidad refinada surge de la conciencia de sí mismo. Maslow denominaba experiencias cumbre a los episodios de felicidad refinada. Son instantes en los que se experimenta un éxtasis profundo o amor incondicional. La felicidad refinada también se siente al tener una visión profunda de la naturaleza en los momentos en que nos sentimos más vivos y autosuficientes, y experimentamos una admiración reverencial por el orden y la belleza de nuestro mundo. La felicidad refinada llega de forma espontánea, sin necesidad de que la busquemos. Puedes experimentar la felicidad refinada en cualquier momento y sin ninguna razón específica. Los no-trascendedores pueden tener ocasionalmente una experiencia de felicidad refinada; las personas que son conscientes de sí mismas la experimentan con mayor frecuencia.

La felicidad pura pertenece al reino exclusivo de los trascendedores. Es la felicidad más abstracta y, por lo tanto, a menudo es ignorada por los no-trascendedores y también por muchas personas que son conscientes de sí mismas. Es el nivel más permanente de la felicidad. La felicidad pura es sutil y duradera.

NO-TRASCENDEDOR: Los no-trascendedores actúan impulsados por las necesidades fisiológicas y psicológicas inferiores. Buscan la gratificación extrínseca. Tienden a ser inquietos e impacientes, y a no sentirse nunca completamente satisfechos.

PENSAMIENTO POSITIVO: El pensamiento positivo es la expresión mental espontánea, feliz y saludable de una persona que está disfrutando de la vida de una forma natural. El pensamiento positivo es espontáneo y fluye libre y naturalmente a partir de una emoción positiva. Cuando te sientes a gusto, tienes pensamientos positivos sin realizar ningún esfuerzo. No tiene efectos secundarios. El pensamiento positivo es el resultado natural de ser feliz.

PENSAR EN POSITIVO: La técnica de pensar positivamente está destinada a reemplazar los pensamientos negativos por actitudes, afirmaciones, emociones y pensamientos positivos. Trabaja en contra de la verdadera naturaleza de un estilo de vida positivo y productivo. Para pensar positivamente es preciso fabricar un estado de ánimo positivo. Dicho estado de ánimo se crea de una manera artificial a partir del recuerdo de un episodio compasivo, amoroso o feliz. Es un estado impuesto y artificial. La técnica de pensar en positivo trabaja en contra de la felicidad.

TÉCNICA DE LA TRIANGULACIÓN DE LA CC: Es la técnica básica de la curación cuántica y el punto de partida para llegar a ser un trascendedor. Se puede aprender en un período de tiempo muy breve y sus efectos son inmediatos y medibles. Es un simple proceso científico de tres pasos.

TRASCENDEDOR: Es el ideal de la evolución humana, lo que significa ser plenamente humano. Los trascendedores buscan la realización más allá de su ser personal. Son altruistas. Se preocupan por los otros y animan a los demás a convertirse en trascendedores para alcanzar su máximo potencial.

ACERCA DEL AUTOR

El Dr. Frank Kinslow es un escritor de *best sellers* internacionales cuyos libros han sido traducidos a más de veinticinco idiomas. En pocos años, sus enseñanzas se han propagado por todo el mundo. Tiene un estilo narrativo fácil e informal a través del cual los lectores sienten que se está dirigiendo a ellos personalmente. Posee un don especial para conseguir que lo abstracto resulte comprensible, sencillo y práctico.

El Dr. Kinslow se ha dedicado a investigar y enseñar la felicidad y la sanación durante más de cuarenta y cinco años. Gracias a su experiencia clínica como médico quiropráctico, a sus profundos conocimientos de las filosofías y prácticas esotéricas orientales, y a su pasión por la relatividad de la física cuántica, ha creado lo que ha sido reconocido como una perspectiva única de la condición humana. Sus alumnos afirman que a pesar de que sus enseñanzas son muy simples, tienen la capacidad de cambiar la vida. Personas de todos los ámbitos sociales, de numerosas culturas y de la mayoría de los países han asistido a las clases de entrenamiento del Dr. Kinslow. Entre ellas se incluyen una amplia gama de profesionales, desde ejecutivos y practicantes de las artes de la sanación, hasta atletas, científicos y artistas. Y también cualquier persona con el deseo de infundir más felicidad a su vida.

En la actualidad, el Dr. Kinslow sigue escribiendo e impartiendo sus enseñanzas. Reside en Sarasota, Florida, con su esposa Martina.

ACERCA DE LA ORGANIZACIÓN DEL SISTEMA KINSLOW

El Dr. Kinslow es el creador del Sistema Kinslow™ y la única persona que enseña la curación cuántica y el Sistema de Felicidad Kinslow. Organiza seminarios y ofrece conferencias en todo el mundo. Para más información sobre el Sistema Kinslow, puedes ponerte en contacto con nosotros a través de:

Sitio web: www.KinslowSystem.com
Correo electrónico: Info@KinslowSystem.com
Teléfono: (877) 811-5287 (*gratuito en Estados Unidos*)

Productos del Sistema Kinslow

Libros

La curación cuántica.

El secreto de la vida cuántica.

La Eumoción.

El Sistema Kinslow.

Cuando nada funciona.

Heal your world, heal our world (con Martina Kinslow).

Try Doing Nothing: How Learning to Let Go Will Get You Where You Want to Go.

The Secret of Instant Healing.

Eufeeling! The Art of Creating Inner Peace and Outer Prosperity.

The Kinslow System: Your Path to Proven Success in Health, Love and Life.

Beyond Happiness: Finding and Fulfilling Your Deepest Desire.

Martina and the Ogre (un libro de CC para niños).

Audio-Libros

The Secret of Instant Healing.

The Secret of Quantum Living.

Eufeeling! The Art of Creating Inner Peace and Outer Prosperity.

Martina and the Ogre (un libro de CC para niños).

CDs

Exercises for Quantum Living (pack de 2 CDs).
Exercises for Quantum Living for Two (pack de 2 CDs).
Exercises for Quantum Entertainment.
Martina and the Ogre (un libro de CC para niños).
Kinslow System Exercises (pack de 2 CDs).

DVDs

Quantum Entertainment Introductory Presentation.
What the Bleep QE Training.
Martina and the Ogre (un libro de CC para niños en DVD Blue-Ray).

Otros servicios que pueden encontrarse en www. KinslowSystem.com:

* Redes sociales.
* Boletín de noticias del CC (gratuito).
* Descargas gratuitas.
* El foro CC.
* Vídeos y películas del Sistema Kinslow.